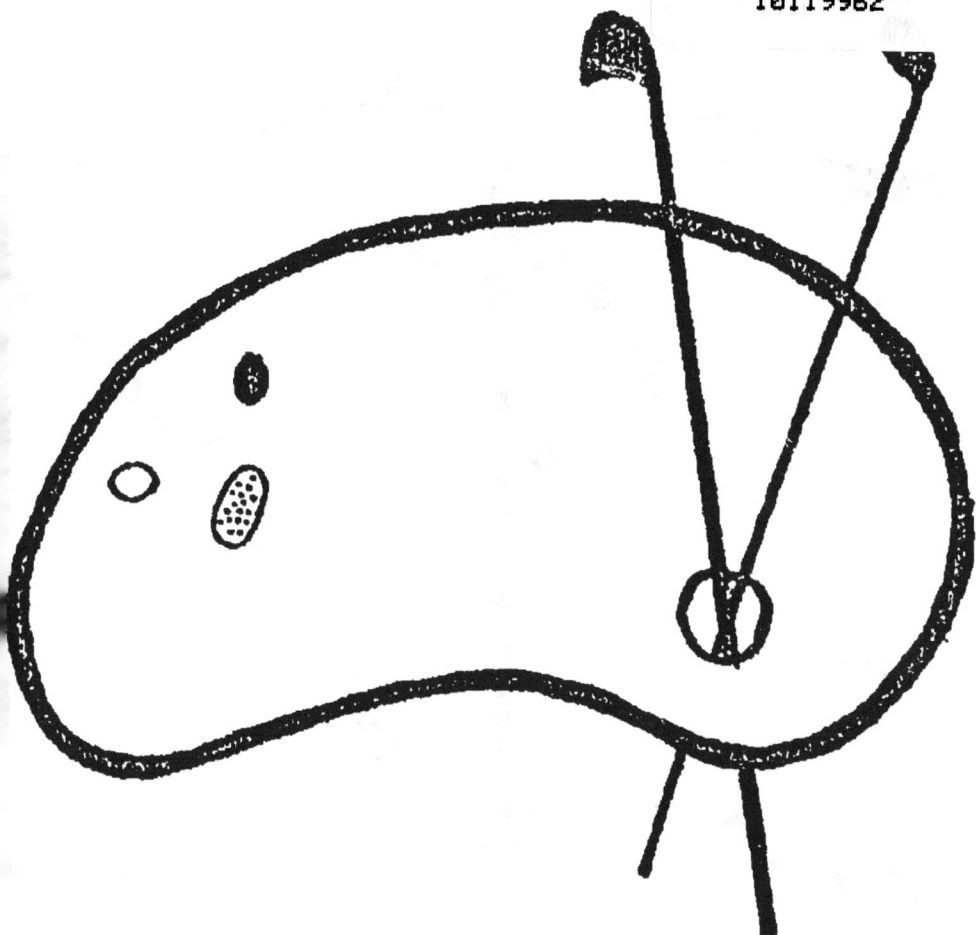

DEBUT D'UNE SERIE DE DOCUMENTS
EN COULEUR

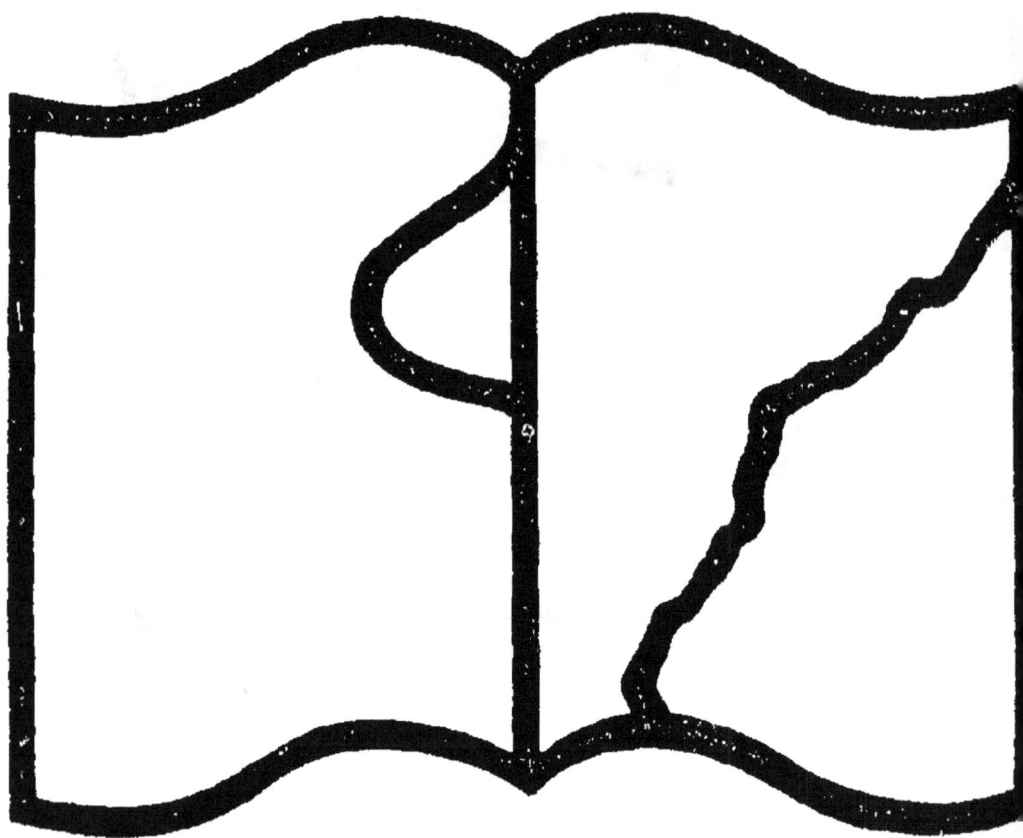

Texte détérioré — reliure défectueuse

NF Z 43-120-11

•

VUE GÉNÉRALE

DE

L'HISTOIRE POLITIQUE

DE L'EUROPE

PAR

Ernest LAVISSE

PROFESSEUR À LA SORBONNE

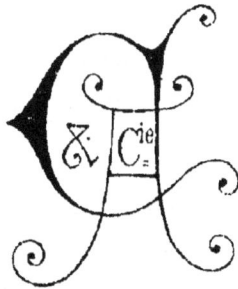

Armand COLIN & Cie, Éditeurs

5, RUE DE MÉZIÈRES, PARIS

OUVRAGES DU MÊME AUTEUR

Études et Étudiants, in-18 jésus, broché (Armand Colin et Cie). **3 50**

Étude sur l'une des origines de la monarchie prussienne, ou la marche de Brandebourg sous la dynastie ascanienne. In-8°, broché (Hachette et Cie). . . . . **5 »**
Ouvrage couronné par l'Académie française.

Études sur l'Histoire de Prusse (3e édition). In-18 jésus, broché (Hachette et Cie). **3 50**
Ouvrage couronné par l'Académie française.

Essais sur l'Allemagne impériale (2e édition). In-18 jésus, broché (Hachette et Cie). . . **3 50**

Trois Empereurs d'Allemagne : Guillaume Ier, Frédéric III, Guillaume II (3e édition.) In-18 jésus, broché (Armand Colin et Cie). **3 50**

Sully (2e édition). In-12 br. (Hachette et Cie) **» 70**

Questions d'Enseignement national. In-18 jésus, broché (Armand Colin et Cie). **3 50**

Ouvrages nouvellement parus :

Le Saint-Empire romain germanique par James Bryce, traduit par E. Domergue, avec une préface par Ernest Lavisse. In-8° (Armand Colin et Cie). **8 »**

Recueil de fac-simile pour servir à l'étude de la Paléographie moderne (xviie et xviiie siècles) par Jean Kaulek et Eugène Plantet. 1 volume in-f°. **20 »**

Paris. — Imp. E. Capiomont et Cie, rue des Poitevins, 6.

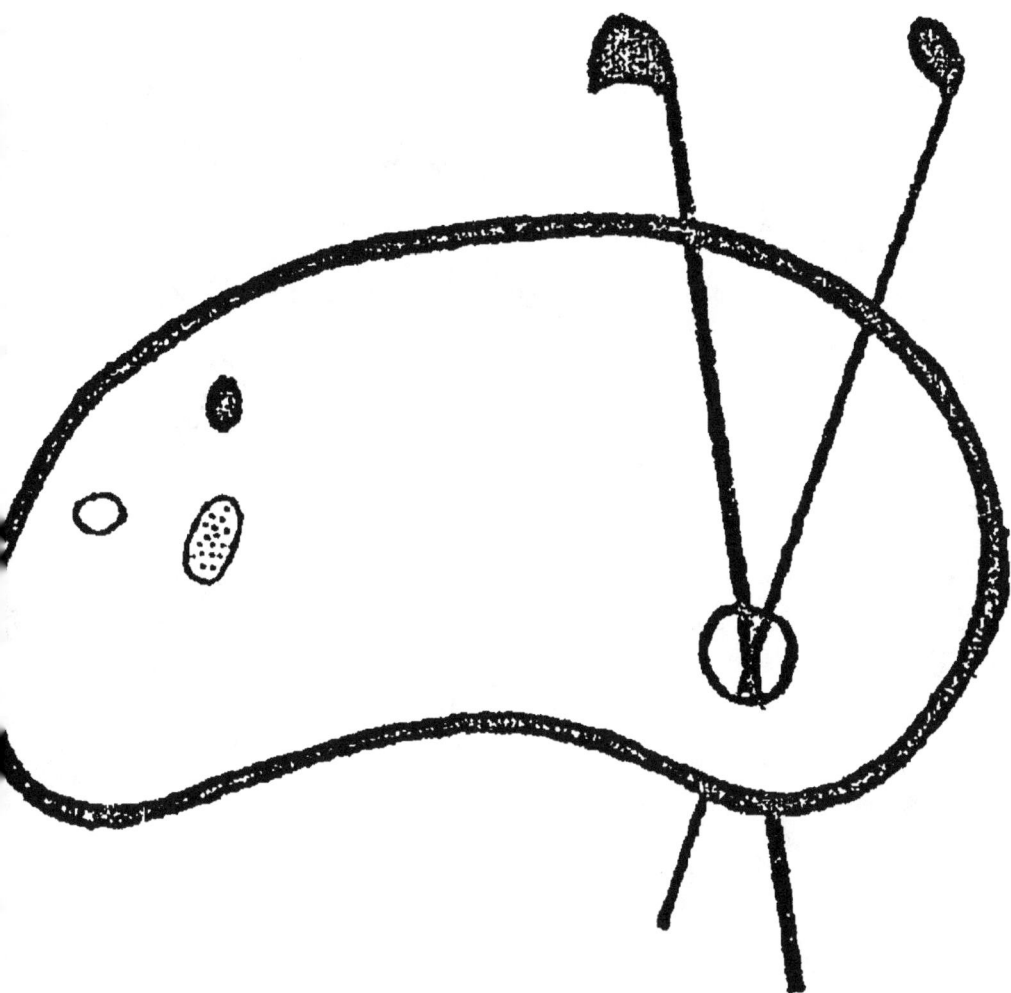

FIN D'UNE SERIE DE DOCUMENTS
EN COULEUR

A Monsieur Ernest Renan
de l'Académie française —

Respectueux hommage

E. Lavisse

VUE GÉNÉRALE

DE

L'HISTOIRE POLITIQUE

DE L'EUROPE

PARIS. — IMPRIMERIE E. CAPIOMONT ET Cie

6, RUE DES POITEVINS, 6

VUE GÉNÉRALE

DE

L'HISTOIRE POLITIQUE

DE L'EUROPE

PAR

Ernest LAVISSE

PROFESSEUR À LA SORBONNE

PARIS

ARMAND COLIN ET Cⁱᵉ, ÉDITEURS

1, 3, 5, RUE DE MÉZIÈRES

—

1890

AVANT-PROPOS

———

Présenter au public une **Vue générale de l'histoire politique de l'Europe**[1], *c'est encourir le reproche d'avoir trop entrepris. On sait aujourd'hui la peine et les soins qu'il faut pour établir la vérité d'un seul fait : comment prétendre, dès lors, raisonner sur cette quantité considérable de faits dont se compose l'histoire politique de l'Europe ?*

Les historiens, qui osent encore traiter de pareils sujets, peuvent dire, pour leur défense, que, si les détails sont douteux souvent, les grands faits ne le sont point. Nous ne savons

———

1. L'idée de ce volume m'a été donnée par une préface, que j'ai écrite en 1886 pour la traduction d'un livre de M. FREEMAN, (Histoire générale de l'Europe par la géographie politique, par M. Edward A. FREEMAN, traduit par M. Gustave LEFÈVRE; Paris, Armand Colin et Cⁱᵉ.) Il m'a semblé qu'il y aurait quelque utilité à développer ce premier essai, et à en faire un livre.

pas, avec une pleine sécurité, les mobiles intimes de la révolte de Luther, et il y a des obscurités dans l'histoire de la bataille de Waterloo, mais il est certain que Luther s'est révolté, certain que la bataille de Waterloo a été perdue par Napoléon. Or ces deux faits ont eu des conséquences très claires et très graves.

Les événements décisifs, ceux qu'on peut appeler d'histoire universelle, sont rares. Il n'est impossible ni de les discerner, ni de les connaître, ni d'en voir les suites. C'est pourquoi, si paradoxale que cette opinion puisse paraître, le **général**, en histoire, est plus certain que le **particulier**. Il est plus facile de ne pas se tromper sur tout un pays que sur un personnage. La vue, qui se perd dans les broussailles, embrasse les ensembles : les horizons les plus vastes sont les plus nets.

Cependant, une tentative comme celle qui est faite ici, pour résumer en quelques pages une si longue histoire, n'est point sans quelque péril. Certaines opinions et des jugements brièvement exprimés étonneront, peut-être même offenseront le lecteur. Qu'il me permette de le prier de bien placer son point de vue dans cet espace de trois mille ans.

Nous sommes exposés à grossir certains faits, parce qu'ils nous intéressent plus que d'autres, pour des raisons à nous. Nous connaissons *l'antiquité et les siècles de la Renaissance, de Louis XIV et de Voltaire, mieux que le moyen âge et notre siècle : c'est un des effets de notre éducation. Pourtant le moyen âge a ébauché les nations, qui se sont achevées au cours de notre siècle. Ces deux époques sont donc les plus importantes dans l'histoire de l'Europe, j'entends l'histoire politique proprement dite.*

Ce volume présente la succession des grands phénomènes historiques, et il essaie de donner le **comment** *des choses. Il faudrait ajouter le* **pourquoi,** *mais l'audace serait par trop grande.*

La nature a écrit sur la carte de l'Europe des destinées de régions. Elle détermine des aptitudes, et, par conséquent, des destinées de peuples. Le jeu même de l'histoire crée des nécessités inéluctables : telle chose sera, parce que telles autres ont été.

D'autre part, sur la carte de notre continent, la nature a laissé le champ libre à l'incertitude de possibilités diverses. L'histoire est pleine d'accidents, dont la nécessité n'est point démontrable. Il existe enfin une libre puissance d'action, qu'ont exercée des individus et des peuples.

Le hasard et la liberté contrarient la fatalité naturelle et cette fatalité des suites, qui naît de l'histoire. Dans quelle mesure? Tout est là, mais ce **tout** est sans doute inaccessible à notre esprit.

Il serait intéressant, du moins, d'en trouver quelques parties. Le lecteur y est convié par ce petit volume.

Un mot encore. Je me suis défendu de mon mieux contre les préjugés du patriotisme, et je crois n'avoir pas exagéré la place de la France dans le monde. Mais le lecteur verra bien que, dans la lutte entre les facteurs opposés de l'histoire, la France est la plus redoutable adversaire de la fatalité des suites. Elle s'est mise en travers du cours des choses européennes, il y a un siècle, et l'a précipité dans une direction nouvelle. Aujourd'hui, nous sentons peser sur le continent une fatalité redoutable; aussi ce livre se termine-t-il par des prévisions pessimistes. Mais il laisse entendre, dans ses dernières pages, que, si les conflits, qui arment l'Europe et menacent de la ruiner peuvent être apaisés, ce sera par l'esprit de la France.

ERNEST LAVISSE.

VUE GÉNÉRALE
DE L'HISTOIRE POLITIQUE

DE L'EUROPE

L'ANTIQUITÉ

Caractères généraux.

Un peuple n'a pas une histoire par le fait seul de son existence ; il faut que sa vie soit active et féconde.

Le peuple historique est celui qui trouve les règles d'un état politique et social, et qui met un certain ordre dans le gouvernement, une certaine justice dans la société. Il professe une religion et une morale. Il pratique avec habileté le travail des mains et celui de l'esprit : il a une industrie, un art, des lettres. Il agit sur d'autres peuples pour employer sa force, pour s'enrichir et pour satisfaire son orgueil ; il est commerçant ou conquérant, ou les deux à la fois.

Aujourd'hui, plusieurs peuples méritent le nom d'êtres historiques ; les efforts de chacun d'eux et leurs relations constituent l'histoire. Mais, plus on s'éloigne des temps modernes, plus rares sont ces êtres : il n'y en eut d'abord en Europe qu'un seul, les Grecs ; un seul, après les Grecs, a occupé la scène, qu'il a élargie : c'est le peuple romain.

L'histoire de la Grèce et de Rome forme une première période, qui se termine vers le quatrième siècle de l'ère chrétienne, au moment où de nouveaux acteurs, les Germains et les Slaves, apparaissent et compliquent l'histoire, jusque-là très simple.

La Grèce.

Il était naturel que l'histoire de l'Europe commençât au sud-est, tout près du berceau des premières civilisations.

La Grèce recueillit le bénéfice de l'expérience acquise par les peuples qui habitaient les vallées de l'Euphrate et du Tigre, la côte du Liban et les bords du Nil ; mais la civilisation grecque se distingua de celles qui l'avaient précédée par une vertu qu'on peut nommer européenne, l'activité libre.

Il était naturel aussi que la Grèce trouvât tout de suite le caractère de la civilisation de l'Europe. Ce pays, qui reçoit la mer dans les plis et replis de son rivage et pousse dans la mer ses promontoires, cette péninsule entourée d'îles et découpée en vallées que dominent des plateaux, est comme une réduction de notre continent péninsulaire, au littoral développé, aux articulations nettes.

La Grèce, c'est l'Europe réfléchie et condensée dans un miroir.

Son histoire annonce celle de l'Europe. La Grèce est divisée en populations parentes, mais différentes les unes des autres. Ses cités sont de petits États souverains,

qui emploient dans leurs rapports toutes
les combinaisons de la politique. Deux ou
trois d'entre elles exercèrent une hégémonie, mais qui ne fut jamais ni étendue
ni durable.

Elle sut organiser dans l'enceinte sacrée
de ses villes un gouvernement et une société. Elle excellait dans tous les genres
du travail humain : poésie, philosophie,
science, art, industrie et commerce ; elle
acquit ainsi des forces qu'elle répandit au
dehors. Elle fonda sur toutes les côtes mé-
diterranéennes, de l'Euxin aux Colonnes
d'Hercule, des cités, filles des siennes;
mais de même qu'elle ne s'est jamais grou-
pée en un État, elle ne réunit point ses
colonies en un empire. Lorsqu'elle eut
épuisé sa faculté d'agir et qu'elle tomba
sous la domination d'un peuple militaire,
les Macédoniens, des États grecs furent
fondés, mais les plus importants étaient en
Asie ou en Égypte.

La Grèce aura, du moins, une longue

survivance en Europe, où l'hellénisme exer-
cera, sous des formes diverses, une action
très forte. Il modifiera les mœurs et les
idées de Rome républicaine. Après la fondation de Constantinople, il créera une
civilisation religieuse et politique, le byzan-
tinisme. Il rompra l'unité romaine dans les
derniers temps de l'Empire. Il sera en
opposition, pendant le moyen âge, avec les
idées et les systèmes essayés par l'Occident
et brisera l'unité ecclésiastique du monde
chrétien. Plus tard, répandu partout, à
l'époque de la Renaissance, il renouvellera
les esprits, et produira, pour sa part, la civilisation intellectuelle des temps modernes.

La domination romaine.

La péninsule italienne ne ressemble pas
à la péninsule hellénique : elle est plus
rigide ; les îles ne foisonnent point autour
d'elle ; ses ouvertures ne sont point, comme
celles de la Grèce, vers l'Orient. Mais

1.

l'Italie est située au centre de la Méditerranée, et la Sicile la prolonge jusqu'en vue de l'Afrique. Beaucoup plus que la Grèce, elle est continentale, *terrienne*, comme disent les marins. Ses populations indigènes ont été visitées sur les côtes par des navigateurs étrangers, mais c'est une cité de laboureurs qui les a réunies sous ses lois.

Rome a employé ses premiers siècles à grossir son territoire, ainsi qu'un paysan arrondit son domaine. Comme tous les conquérants, elle a continué de conquérir, parce qu'elle avait commencé. Ses premières guerres ont amené d'autres guerres ; ses premiers succès ont rendu les autres à la fois nécessaires et faciles. Elle finit par croire qu'elle avait mission de soumettre les peuples. La conquête devint pour elle une profession :

Tu regere imperio populos, Romane, memento.

Elle a considérablement étendu le champ

de l'histoire, où elle a fait entrer l'Espagne, la Gaule, la Bretagne, le pays situé entre les Alpes et le Danube, et une partie de la Germanie. Pour exploiter les territoires soumis, elle a inventé la *province*.

Son administration a détruit les peuples anciens et fondu les vieilles divisions historiques ou naturelles, dans l'unité de l'*orbis romanus*. Elle appelait ainsi la belle région méditerranéenne, au centre de laquelle s'élevait « l'immobile rocher du Capitole ». Les cités helléniques, chacune pour son compte, avaient semé des colonies ; la Grèce s'était éparpillée : Rome a concentré l'univers ; *fiebat orbis urbs*, a dit Varron.

Il y avait eu un monde grec, mais point d'empire grec : il y eut un monde et un empire romains.

L'action de Rome a été intense et profonde : elle a transformé des peuples, mis l'ordre à la place de l'anarchie, enseigné aux vaincus sa langue, ses mœurs, sa reli-

gion. Elle s'est élevée jusqu'à la conception
du *genus humanum*, et elle a écrit la raison humaine dans ses lois. On ne peut
qu'admirer une puissance si extraordinaire, mais il est douteux que tous les
effets en aient été bienfaisants.

Toute éducation uniforme est dangereuse, car la variété des individus est nécessaire au progrès de l'activité humaine.
Plus il y a d'individus concurrents, plus
fécond est le travail universel. Rome a
détruit, autant qu'elle pouvait le faire, les
génies particuliers des peuples, qu'elle
semble avoir rendus inhabiles à la vie
nationale. Quand la vie publique de l'empire a cessé, l'Italie, la Gaule, l'Espagne
ne savent pas devenir des nations : la
grande existence historique ne commencera
pour elles qu'après l'arrivée des Barbares
et plusieurs siècles de tâtonnements dans
les calamités et les violences.

Les pays que Rome a civilisés ne lui
doivent point uniquement de la reconnais-

sance. Nous aimons à opposer au tableau de la Gaule gauloise celui de la Gaule romaine. Les villages sont transformés en villes, les cabanes en palais, les sentiers en routes dallées, les orateurs incultes en rhéteurs diserts, les guerriers barbares en généraux ou en empereurs. Nous admirons ce miracle, et la vie heureuse que l'on menait dans les cités gallo-romaines.

Mais comment se fait-il que les pays que Rome n'a point conquis et longuement possédés tiennent aujourd'hui une si grande place dans le monde, qu'ils aient une originalité si forte, et cette pleine confiance en l'avenir ? Est-ce seulement parce qu'ayant moins vécu, ils ont droit à un plus long avenir ? Ou bien Rome a-t-elle laissé après elle des habitudes d'esprit, des façons d'être intellectuelles et morales qui gênent et limitent l'activité ? Questions insolubles, comme toutes celles dont il importerait de connaître la solution. Ne soyons donc pas, du moins, si prompts à juger : il n'est pas

certain que ce soit un bonheur pour nous
que César ait vaincu Vercingétorix.

Les deux empires.

Si fortement organisée qu'elle fût, cette
vaste domination recouvrait maintes oppo-
sitions qu'elle ne dompta point.

Le plus souvent, c'est entre l'esprit du
Nord et celui du Midi qu'il y a contradiction, et, par conséquent, lutte permanente.
Mais, au temps romain, le Nord n'était qu'un
ennemi extérieur et que l'on contenait ;
le contraste existait entre l'Occident et
l'Orient : l'Occident que Rome avait soumis et s'était assimilé, parce qu'elle l'avait
civilisé, l'Orient qui gardait sa civilisation
hellénique.

Dans l'Europe occidentale, Rome a porté
son esprit et sa langue ; mais sur
l'hellénisme, elle a gagné à grand'peine
l'Italie méridionale et la Sicile : la langue
et la civilisation de la Grèce ont persisté de

l'Adriatique au Taurus. Ici le nom romain a remplacé le nom grec, mais l'apparence seule est romaine. Le jour où Constantin a fondé la seconde Rome, un empire a commencé, que la chancellerie byzantine appellera l'empire romain, mais qui, pour l'histoire, est l'empire grec.

La séparation de l'Occident et de l'Orient était inévitable ; elle se trouva consommée, lorsqu'en 395 les deux fils de Théodose commencèrent à régner, l'un à Ravenne et l'autre à Constantinople. Dès lors coexistèrent deux États, ayant chacun sa tâche et ses ennemis propres, ennemis nombreux et puissants, dont la cohue essaye de se faire place sur la scène.

Les causes de ruine.

Ce n'est pas la division en deux empires qui a ruiné la domination romaine; ce n'est pas seulement la force des ennemis extérieurs. Rome républicaine avait abouti à la

monarchie par la décadence de ses institutions et de ses mœurs, par l'effet même de
ses victoires et de ses conquêtes, par la
nécessité de donner à cette immense domination un *dominus;* mais, après qu'elle
avait commencé à subir la réalité monarchique, elle garda le culte des formes répu-
blicaines. L'empire fut longtemps une hypo-
crisie; il n'osa pas se donner la condition
première de la stabilité, une loi de succession. Chaque mort fut suivie de troubles, et
le choix du maître du monde souvent aban-
donné au hasard. Il fallut bien pourtant
organiser la monarchie, mais alors elle fut
sans contradiction, sans contrôle, absolue.
Elle se proposa pour fin l'exploitation du
monde qui fut, dans la pratique, menée à
outrance. Elle épuisa l'*orbis romanus.*

Mettons encore parmi les causes de ruine
la durée même, et l'usure. Le monde se
sentait vieillir. Il cherchait, il attendait du
nouveau. Il ne pouvait l'obtenir ni d'une
révolution politique, car personne ne conce-

vait d'autre forme de gouvernement que l'empire ; ni d'une révolution sociale, car l'esprit était fait au régime des castes qui s'était lentement établi. Une révolution religieuse se fit, mais contre l'empire. Dire : « *Mon royaume n'est pas de ce monde* », c'était jeter le mépris divin sur le monde païen qui se voulait suffire à lui-même, et ne connaissait pas l'au-delà. Dire : « *Rendez à Dieu ce qui appartient à Dieu, et à César ce qui appartient à César* », c'était distinguer Dieu de César, en qui se confondaient l'humain et le divin. La distinction faite, comment la dette envers Dieu n'eût-elle pas été plus grande que l'obligation envers César ? Dire : « *Les cieux et la terre passeront* », c'était démentir la prédiction de l'éternité de l'empire : *Imperium sine fine dedi.* C'était ébranler la roche immobile.

———

DE L'ANTIQUITÉ AU MOYEN AGE

———

Caractères généraux.

De l'Est, région des origines, s'achemine vers l'Occident en tumulte, la procession des peuples : Germains et Slaves, Huns et Avares, Arabes. Ils sont très différents les uns des autres : l'humanité, avec les contrastes de ses variétés congénitales ou lentement acquises, entre en lutte contre l'œuvre romaine de l'assimilation des hommes par la force et par l'esprit.

Les Arabes ont une originalité puissante ; ils représenteront en face de la grande race aryenne la grande race sémitique ; ils fonderont une religion et un empire. Avec

le passé impérial, ils ne transigeront point;
ils auront dans l'histoire leur domicile à
part et bien à eux.

Les Huns et les Avares, de race toura-
nienne, moins bien doués que les Sémites,
sans éducation antérieure, demeurés à l'état
primitif de la horde, et attardés dans le
fétichisme, n'apporteront avec eux que la
brutalité. Destructeurs, incapables de fonder, ils seront détruits.

Les Germains et les Slaves sont de même
race que les Grecs et les Romains. Postés
aux frontières de l'*orbis romanus*, où habitaient l'ordre, la joie et la richesse, il semblait qu'ils attendissent l'heure d'entrer en
partage du patrimoine. Ce sont des branches cadettes de la famille aryenne qui suc-
céderont aux aînées, épuisées et desséchées.

Tous ces peuples, de provenances, de
mœurs et de religions diverses, seront en
relations avec l'empire romain. En Orient,
l'empire sera entamé, sans être détruit; en
Occident, les Germains, après l'avoir étouffé

sans le vouloir, le rétabliront. L'an 800, quand Charlemagne aura été couronné dans la basilique de Saint-Pierre, l'Europe paraîtra bien ordonnée de nouveau, comme au temps de Théodose, avec ses deux capitales, Rome et Constantinople. Ce ne sera qu'une apparence ; mais les apparences sont des faits, et les illusions, des puissances qui produisent des actions réelles et considérables.

L'an 800 marquera donc la fin d'une seconde période. Conduisons à présent jusqu'à cette date l'histoire de l'Europe.

L'Empire d'Orient.

Le principal effort des Barbares porta sur l'Occident. Quelques années après la mort de Théodose, la Bretagne était évacuée par les légions. Francs, Wisigoths. Burgondes, occupèrent la Gaule et l'Espagne. Presque tous les Barbares visitèrent l'Italie et la pillèrent. Dans la Péninsule,

2.

des groupes de mercenaires prirent leurs
quartiers, mais aucun peuple ne s'y établit
en vertu d'un titre régulier, comme avaient
fait, en Gaule, ceux qui viennent d'être
nommés. L'Italie inspirait du respect. Elle
était protégée, toute désarmée qu'elle fût,
par la grandeur des souvenirs de sa gloire,
comme Sylla l'avait été jadis par la garde
que montaient autour de lui les ombres de
ses proscrits. Aucun roi n'eut l'idée de
régner sur Rome. Des empereurs conti-
nuaient à se succéder, vaillants ou lâches,
intelligents ou stupides, impuissants toujours.

Cependant, en l'année 476, le chef des mercenaires d'Italie, qui se nommait Odoacre,
jugea qu'il n'était plus nécessaire que
l'Occident eût un empereur particulier. Il
fit porter à Constantinople les insignes
impériaux par une députation chargée
de représenter à l'empereur Zénon qu'un
seul maître suffisait au monde.

Dès lors, l'unité sembla rétablie, comme

au temps des Césars et des Antonins. Constantinople s'imagine désormais conduire seule l'histoire. Les hommages des rois de l'Occident y vont trouver l'empereur. Jusqu'aux limites de l'*orbis romanus*, celui-ci envoie des ordres et des grâces. Il décore des insignes proconsulaires Clovis, le roi des Francs.

Il envoie en Italie, contre Odoacre, les Ostrogoths, commandés par Théodoric, qui, bon gré, mal gré, reste son lieutenant. Un moment même, on put croire qu'il allait reprendre effectivement possession du monde : Justinien conquit l'Italie, l'Afrique, une partie de l'Espagne, des îles et des côtes de la Méditerranée occidentale.

Ce retour offensif de l'ancienne puissance fut de courte durée. Les Lombards, descendus en Italie au sixième siècle, n'y laissent à l'Empire que des îlots de territoire, battus et rongés par les flots de leur invasion. Les Arabes, par leurs conquêtes en Asie, en Afrique, en Espagne, tracent un immense demi-cercle, qui enveloppe par le sud l'ancien *orbis romanus*.

Relégué à l'Est, l'Empire, qui se dit toujours universel, commence à prendre le caractère déterminé d'un État oriental. Les immigrations des Barbares compliquent l'ethnographie de la péninsule des Balkans. Les Slaves se répandent au Nord et au Nord-Ouest : alors naissent la Servie et la Croatie. L'Istrie et la Dalmatie sont tout imprégnées de Slaves : les Slaves encore pénètrent par infiltration dans la Macédoine et dans la Grèce. Un peuple touranien, mais bientôt assimilé aux Slaves, les Bulgares, passe le Danube et s'étend bien au delà de l'Hémus. Ainsi s'agglomèrent les éléments de la future question d'Orient.

Dès lors, tout espoir est perdu de restaurer l'empire universel. Il ne reste à l'Empire byzantin qu'une tâche modeste : il doit s'efforcer de vivre. C'est merveille qu'il ait si longtemps vécu.

Les barbares en Occident et l'Église.

Pendant que l'Orient gardait ainsi les formes du passé, de curieux essais de nouveautés étaient faits en Occident.

Ces nouveautés n'étaient point révolutionnaires. La première fois que les Germains étaient entrés en relations avec Rome, ils s'étaient présentés dans l'attitude de mendiants armés, demandant des terres, et offrant en échange le service de leurs armes. Marius avait détruit ce premier ban d'envahisseurs, mais d'autres étaient venus, répétant toujours les mêmes prières. Les frontières du Rhin et du Danube, longtemps défendues, avaient fléchi. Des individus en foule, des groupes de plus en plus considérables, enfin des peuples entiers étaient venus s'établir sur les terres romaines.

Au cours du cinquième siècle, les Wisigoths, les Burgondes et les Francs se par-

tagent la Gaule; les Ostrogoths occupent
l'Italie. Ni les uns ni les autres ne sont
des destructeurs. Chacun de ces peuples,
répandu sur de vastes provinces, en mino-
rité au milieu d'une population toute romaine, cherche une façon de s'accorder et
de vivre avec elle. Il y met quelque intelligence et beaucoup de bonne volonté, mais
il ne peut dépouiller ses mœurs anciennes.

Le gouvernement des rois barbares est
une monarchie étrange, moitié romaine et
moitié germanique, absolue en principe,
mais tempérée par des révoltes, par des
assassinats et surtout par l'impossibilité de
comprendre l'esprit du gouvernement impérial. Le respect persistant de l'Empire
trouble les Ostrogoths, établis sur la terre
romaine par exellence, et les Burgondes, à
qui leur chancellerie fait parler, quand ils
s'adressent au *princeps*, un langage de
serviteurs très humbles. Pourtant, ce sentiment que les Occidentaux professent pour
l'Empire, est une superstition. C'est à une

puissance nouvelle qu'il appartenait de donner aux Barbares droit de cité dans l'histoire.

L'Église chrétienne, après avoir vécu cachée dans l'Empire, après avoir bravé ses lois et souffert ses persécutions, avait reçu de lui des honneurs, des privilèges, la richesse, et le modèle d'un gouvernement. La hiérarchie impériale fut en effet reproduite dans les cités par les évêques, dans les provinces par les métropolitains. L'évêque de Rome, successeur de saint Pierre, patriarche unique de l'Occident, salué déjà du titre d'évêque universel, était au spirituel ce qu'était au temporel le successeur d'Auguste.

L'Église a donc refait ou plutôt perpétué l'universalité. Elle offre à l'humanité civilisée, au moment où la patrie romaine, déchirée en lambeaux, va laisser la place aux pays petits et multiples, la grande patrie ecclésiastique et chrétienne. Elle ménage, du passé à l'avenir, une transition douce. N'est-elle pas romaine en effet? Son chef

siège à Rome ; sa langue est celle de Rome;
son culte est devenu le culte officiel de
Rome. Les mots *chrétien* et *romain* s'étaient
d'abord opposés l'un à l'autre. Les martyrs,
lorsqu'ils refusaient l'encens à la statue de
l'empereur disaient, pour raison de leur
désobéissance : « Je suis chrétien, *Sum
christianus* » ; mais, au quatrième siècle,
les mots se rapprochent et se confondent :
christianus devient synonyme de *romanus*.

Comme l'ancienne Rome, l'Église a conquis et assimilé les esprits. La sève intellectuelle de l'antiquité ne produisait plus
que de petites fleurs misérables, sans couleur ni parfum. L'Église offre aux intelli-
gences une littérature, une histoire, une
dialectique, la philosophie de son dogme et
ses paroles de vie éternelle.

Puisque les Barbares ne veulent point
détruire Rome; puisqu'ils sont entrés dans
l'empire comme des hôtes ; puisqu'ils ne
sont d'ailleurs ni assez nombreux, ni assez
forts pour exterminer l'ancienne popula-

tion ou la réduire à l'obéissance, ils n'avaient d'autre politique à suivre que de se faire accepter par celle-ci ; mais la condition nécessaire et primordiale était qu'ils fussent agréés par l'Église. Or, les Wisigoths, les Burgondes, les Vandales, les Ostrogoths ont voulu être des chrétiens, mais à leur façon. Ils n'ont point accepté tout le dogme catholique. Aussi n'ont ils fait que passer sur la scène. L'Église et les populations romaines ne les ont point chassés : elles n'en avaient pas la force, mais elles ont laissé Justinien reprendre l'Italie ; elles ont aidé les Francs à conquérir la Gaule, puis l'Occident.

Les Francs.

Les Francs connaissaient Rome depuis longtemps et la servaient, mais ils n'étaient point romanisés comme les Wisigoths et les Burgondes. Ils n'étaient plus tout à fait, mais ils étaient encore des barbares. Établis sur la frontière septentrionale, ils

occupaient partie des terres d'empire, partie
des pays germaniques. A cheval sur le
Rhin, qui séparait le monde classique du
monde barbare, ils devaient être les intermédiaires entre le passé qu'avaient rempli
les Romains, et l'avenir qu'allaient occuper
les nations germaniques.

Comme l'Église, les Francs étaient donc
capables de ménager une transition ; aussi
l'accord de la puissance ecclésiastique et de
la force franque est-il un des plus grands
faits de l'histoire universelle. La vigueur
des Francs eût suffi à elle seule pour triom-
pher des Wisigoths et des Burgondes, fati-
gués et amollis, mais le baptême de Clovis
et sa politique envers l'Église achevèrent
leur fortune. Saint Remi leur donna le droit
de cité parmi les populations romaines, au
milieu desquelles les autres barbares de-
meuraient des étrangers, parce qu'ils étaient
des hérétiques.

Tout de suite, l'Église ouvrit à leur ambition une perspective immense. Elle cher-

chait un nouveau peuple de Dieu, qu'elle pût charger de l'œuvre de Dieu. Au lendemain du baptême de Clovis, les voix ecclésiastiques prêchent au nouveau David ses devoirs : il ne s'agit de rien moins que de réunir sous une même loi et dans une même foi les peuples de la terre.

Au delà des anciennes limites de l'Empire, les Francs conquièrent l'Alamannie et la Thuringe ; ils réduisent la Bavière à la dépendance ; le christianisme commence à être prêché dans ces contrées nouvelles. Mais la race des Francs ne réussit pas du premier coup à faire sa rude besogne. La dynastie mérovingienne gouverna mal et même n'arriva jamais à comprendre ce qu'est un gouvernement. Elle s'usa dans les jouissances, dans les discordes, dans l'imbécillité. Son empire se démembra : Neustrie, Aquitaine, Burgondie, Austrasie, Alamannie, Bavière, s'organisèrent pour l'existence séparée. Dans chacune de ces provinces, qui étaient comme des royaumes, de petits groupes de seigneurs et de sujets se mirent à vivre de la vie locale.

Parmi ces seigneurs étaient les évêques. Devenus grands propriétaires et membres considérables de l'État, ils s'engageaient et se perdaient dans la hiérarchie temporelle. Il semblait que le monde allât à la division et dût se morceler à l'infini ; mais l'idée de l'unité survécut, par la vertu des grands souvenirs païens, par la puissance indestructible de l'imagination, par la foi de l'évêque, successeur de l'apôtre à qui le Christ avait confié le soin de paître l'universel troupeau des fidèles.

A la fin du sixième siècle, la papauté devient conquérante. Par delà la Gaule, à l'extrémité même de l'ancien empire, elle envoie des missionnaires qui convertissent les Anglo-Saxons, récemment établis en Bretagne. Elle y organise une *provincia* ecclésiastique, aussi soumise à l'évêque de Rome que l'ancienne province politique l'avait été à l'empereur romain. D'Angleterre

partent des missionnaires qui vont prêcher
en Germanie la foi chrétienne et, parmi
les dogmes, l'obéissance au siège de Rome.

Ainsi la Rome de saint Pierre commence
ses conquêtes où la Rome d'Auguste a fini
les siennes, par la Bretagne et par la Germanie. Bretagne et Germanie sont les premières provinces d'un empire de l'Église ;
par l'Église elles entrent dans l'histoire.
C'est donc la papauté qui, la première,
a élargi l'Europe.

La restauration de l'Empire.

Cependant l'Italie était disputée, depuis
le sixième siècle, par les Lombards et par
les Grecs. Rome, menacée par ceux-là,
appartenait toujours à l'empereur. L'évêque de la Ville était donc le sujet du
βασιλεύς byzantin. De Constantinople ne lui
venaient guère que des affronts, des humi-
liations, même des dangers pour la foi. Des
Lombards, il n'attendait rien de bon. Entre

3.

ces deux ennemis, il se soutient avec peine. Secrètement, il veut Rome pour lui, et peu à peu il s'en empare par les services mêmes qu'il lui rend, en rebâtissant ses murs et en nourrissant son peuple. Il rêve même une domination en Italie ; mais il est faible parmi des violents.

Attentif aux événements, il suit les progrès d'une nouvelle puissance franque qui s'élève ; car lui aussi, comme les évêques gallo-romains du cinquième siècle, il est en quête d'un peuple qui se fasse l'ouvrier de Dieu.

En ce temps-là, dans le pays d'Austrasie, une famille, qui devait porter plus tard le nom de carolingienne, avait acquis de grands biens entre Moselle et Rhin. Les honneurs publics étaient chez elle héréditaires. Ses chefs servaient la royauté mérovingienne en qualité de maires du palais, mais ils étaient de véritables ducs d'Austrasie, comme les Agilolfing étaient ducs de Bavière. Leur pays était riche en hommes

de guerre, bien placé pour agir à la fois
sur les duchés germaniques, d'une part, et,
d'autre part, sur la Neustrie et la Bourgogne.

Décidément, ce pays du Rhin était le lieu
principal de l'histoire. C'était là, aux confins
de l'ancien monde et du nouveau qu'il fallait habiter, pour être l'agent de l'avenir.
Les Francs mérovingiens s'en étaient éloi-
gnés trop vite. Paris et Orléans avaient été
leurs capitales de prédilection. Ils s'étaient
enlisés dans la population gallo-romaine,
et leur énergie avait été prématurément
étouffée sous la cendre du passé. Les Francs
d'Austrasie, les Ripuaires rhénans, avaient
gardé la force primitive, l'habitude de partir
en campagne, chaque printemps, le goût et
la joie de la guerre.

Aux premiers pas que les Francs mérovingiens avaient faits sur la scène, l'évêque
de Reims avait été au-devant d'eux. Au-devant des Francs austrasiens alla l'évêque
de Rome. Plus grand personnage que saint

Remi, l'évêque universel avait à proposer une tâche plus haute : il demanda aux Francs, avec des prières et des larmes, de se faire les protecteurs de l'apôtre saint Pierre.

Les Francs ne comprirent pas tout de suite, et longtemps ils hésitèrent. Charles Martel, tout à son œuvre de guerre, ne se souciait pas de mettre ses armes au service d'un prêtre; mais le prêtre insista. Pépin et Carloman, fils de Charles, sont déjà des hommes d'église : celui-ci mourra sous une robe de moine ; l'autre préside des conciles, et s'emploie avec zèle à la réforme des Églises de Gaule et de Germanie. Quand il est élu roi par les Francs, le pape vient en Gaule lui donner l'onction que Samuel avait donnée à David. L'alliance pourtant n'est pas définitive. Charlemagne, fils de Pépin, ne s'entend pas tout d'abord avec le pape ; il s'accorde un moment avec les Lombards, et prend femme chez « cette gent très honteuse de lépreux », comme disait le Saint-Père.

Cependant, le charme agit toujours ; il devient irrésistible. Charlemagne, s'il eût été réduit à lui-même, n'aurait eu que la force et quelques idées de roi primitif, c'est-à-dire de chef de guerre et de justicier. L'Église le nourrit de sa science : elle lui apprend la dogmatique, l'histoire, les lettres, la grammaire et l'astronomie. Elle propose à son activité politique et militaire un idéal, à sa puissance un emploi : « défendre au-dedans la foi contre l'hérétique, et la propager au dehors sur les terres des païens. »

La chrétienté apparaissait alors aux esprits capables de réflexion comme une société de soldats et de prêtres, gouvernée par un soldat et par un prêtre. Si elle avait pu oublier l'antiquité profane, elle se serait crue retournée au temps biblique, alors qu'Aaron combattait dans la plaine et que Moïse priait sur la montagne. Charlemagne lui-même a évoqué un jour cette image. Mais les souvenirs de l'antiquité profane

s'imposent à l'évêque de Rome et à Charles,
qui s'entendent pour restaurer, non pas
le gouvernement du peuple de Dieu,
mais l'empire romain. En l'an 800, dans la
basilique de Saint-Pierre, Moïse couronne
Aaron, que le peuple romain salue du titre
d'Auguste.

Le monde historique en l'an 800.

Le pape avait prétendu instituer un
empereur unique et universel. Depuis
qu'Odoacre avait renvoyé à Constantinople
les insignes impériaux, le βασιλεύς byzantin
avait été « le seul maître qui suffisait au
monde » ; mais en l'an 800, la vieille Rome
avait repris son droit de faire l'empereur.
Charlemagne était donc, en théorie, le
maître du monde ; mais Constantinople
maintint contre la théorie sa possession de
fait, dont Charlemagne lui-même reconnut
la légitimité.

Les deux empires contiendraient toute

la chrétienté, si, dans l'île de Bretagne,
le peuple anglo-saxon, chrétien et indé-
pendant, ne préludait déjà à sa fortune
particulière. Empire d'Occident, empire
d'Orient, Angleterre, voilà, au début du
neuvième siècle, trois êtres politiques : voilà
l'Europe.

En dehors, sont les infidèles et les païens.
Le pays de l'Islam, séparé lui aussi en
empire d'Occident, le khalifat de Cordoue,
et en empire d'Orient, le khalifat de Bagdad,
s'étend toujours comme un croissant gigan-
tesque, au sud des deux empires dont il est
le commun ennemi. Les païens, c'est tout
le Nord et tout l'Est : la Scandinavie, la
profonde et immense Slavie, l'Avarie.

Charlemagne a détruit le royaume danubien des Avares. Il a vaincu les Scandinaves
et les Slaves de l'Elbe ; s'il ne les a pas
soumis, il a organisé sur ses frontières des
comtés militaires, les marches, qui sont
les têtes de colonne de la chrétienté. Il mon-
trait ainsi la voie à ses successeurs, aux-

quels il léguait le devoir de la guerre contre
les païens et contre l'infidèle.

Effets historiques de la restauration
de l'Empire d'Occident.

L'empire de Charlemagne comprenait
d'anciens pays chrétiens qui avaient obéi
à Rome : la Gaule ; le nord de l'Espagne,
des Pyrénées à l'Èbre, enlevé aux Arabes ;
l'Italie, jusqu'au Garigliano, enlevée aux
Lombards et sur laquelle Pépin avait prélevé, pour le donner au Pape, le patrimoine
de saint Pierre ; hors de l'*orbis romanus*,
la Germanie.

Avant les Carolingiens, Gaule, Italie,
Germanie, avaient leur existence séparée.
Les Carolingiens ont fondu tous ces pays
dans l'unité de l'empire restauré.

Cette restauration est le grand fait de
cette époque, qui se distingue de celle qui
précède et de celles qui suivent par ce

phénomène étrange que deux puissances idéales, le souvenir de Rome païenne et l'autorité de Rome chrétienne, dirigent seules la force matérielle.

A l'ancienne Rome, qui conquiert pour dominer et pour exploiter, l'historien préfère la nouvelle, qui soumet des âmes après les avoir éclairées. La conquête de la Bretagne par quelques missionnaires romains, armés seulement de la croix, de leurs chants et de leurs prières, est plus belle assurément, plus glorieuse et plus humaine que la conquête par Agricola.

Nous nous plaisons aussi à considérer l'hommage rendu par le Franc Charlemagne à la puissance du passé. Ce Germain descend des vieux ennemis de Rome ; il résume et personnifie, pour ainsi dire, l'invasion des Barbares, qui a détruit l'empire ; et, pour couronner ses victoires, il restaure l'empire. Mais l'historien ne doit rien admirer sans réserve, à moins qu'il ne croie, par une sorte d'optimisme fataliste,

que tout ait été toujours pour le mieux
dans le meilleur des mondes.

On dit : l'empire carolingien a eu cet
effet bienfaisant de préparer aux nations
futures une civilisation commune, chrétienne, militaire et politique. De lui procèdent le type de l'homme d'armes chrétien
et la poésie de la lutte des fidèles de tous
pays contre l'infidèle. Voudriez-vous retran-
cher de l'histoire des sentiments et des
idées, la chevalerie, la croisade et la chan-
son de geste ?

Non. Mais les peuples d'Europe, au sortir du commun berceau, seront des frères
ennemis. Après que la force carolingienne
sera épuisée, l'Occident se divisera de nouveau. Il sera dépensé autant de misères et
de sang, pour détruire l'œuvre, qu'il en a
fallu pour la bâtir. Cette hégémonie temporelle et cette hégémonie spirituelle, que le
pape et Charlemagne ont rivées l'une à
l'autre, seront ennemies l'une de l'autre.
Chacune d'elles, à son heure, sera une

tyrannie. A votre tour, tenez-vous tant à garder dans l'histoire la querelle du sacerdoce et de l'empire, l'oppression de l'Italie par l'Allemagne, la longue contrainte exercée sur les consciences? De la liste des croisades, n'effaceriez-vous pas volontiers celle des Albigeois? Quand le pape a sacré Pépin, quand Charlemagne et le pape ont restauré l'empire, ils ont légué aux temps futurs la coalition du trône et de l'autel : ne voyez-vous point la suite, toute la suite?

Il n'est pas certain que, sans l'alliance des Carolingiens et de la papauté, les Austrasiens, les Aquitains, les Lombards, les Bavarois, les Saxons n'auraient pas trouvé la façon de vivre qui leur convenait, qu'ils ne se seraient pas tout aussi bien pénétrés de l'esprit chrétien, en appropriant la religion, comme ils devaient le faire plus tard, à leurs génies particuliers?

Qui sait? C'est le mot qu'il faut répéter souvent. Une chose paraît certaine : si le passé est bienfaisant, parce qu'il initie les générations nouvelles à l'expérience des générations mortes, il abuse de sa puissance. Il a, pour les vivants, des malices de spectre. Une de ces malices a été le rétablissement de l'empire en l'an 800 par un prêtre et par un guerrier, qui ne savaient au juste, ni l'un ni l'autre, ce qu'avait été l'ancien empire, ce que serait le nouveau.

LE MOYEN AGE

Caractères généraux.

Où trouver un temps d'arrêt dans les siècles qui suivent?

L'empire d'Orient vit comme une flamme agitée, avec de grandes lueurs, des éclipses et de nouveaux éclats. Pendant plus de six siècles, il se défendra contre la nuit, qui, à la fin, le recouvrira.

L'Occident commencera par défaire l'œuvre des Carolingiens; il brisera l'empire en royaumes et les royaumes en seigneuries. Une végétation confuse et très violente étouffera les idées générales. Le pouvoir impérial, perdant de son honneur à chaque

4.

transmission et disputé par de petits princes
italiens, sera réduit au néant; le pouvoir
pontifical, disputé par des factions romaines,
s'avilira.

Puis, au milieu du dixième siècle, un
pape rendra tout à coup à l'empire son
lustre et sa force, en couronnant empereur
Otton, le roi d'Allemagne.

Les deux pouvoirs deviendront alors en
Occident les agents principaux de la politique. A l'ombre de l'empire, la papauté se
refera, se purifiera et ressaisira l'Église,
qui se perdait encore une fois dans les
soins et les devoirs de la matière. Devenue
la tête de l'immense milice spirituelle, elle
obligera l'empire d'abord à respecter son
indépendance et bientôt à reconnaître sa
primauté d'honneur.

Si ces deux puissances s'étaient accor-
dées, elles auraient été les maîtresses de
l'Occident, où elles auraient longtemps
empêché les nations de prendre corps. La
papauté, en effet, ne veut point entendre

parler d'affaires de nations. Une seule
guerre est, à ses yeux, légitime et perpétuellement obligatoire, la guerre contre
l'infidèle, avec l'intermède de la guerre
contre l'hérétique ou contre l'excommunié.
Pour que la chrétienté puisse accomplir le
devoir de la guerre de Dieu, le pape essaye
de lui imposer la paix de Dieu. Quiconque
la trouble, que ce soit un petit baron ou un
Henri d'Angleterre, un Philippe de France
ou un empereur Frédéric, est un fac-
tieux.

La croisade sera donc le principal phénomène de l'histoire politique aux douzième
et treizième siècles, mais, très vite, elle
tournera mal, et, à la fin, échouera lamen-
tablement. Les rois se détourneront de cette
œuvre ruineuse. D'autres intérêts apparaî-
tront, et des besognes plus prochaines et
plus lucratives. Des territoires nationaux
commenceront à se dessiner, et les peuples
à percevoir la sensation de la frontière.
Les pouvoirs généraux se détruiront eux-

mêmes. La papauté ruinera l'empire au treizième siècle, mais aussitôt elle se heurtera aux résistances des rois, devenus des chefs de peuples, et elle tombera dans les scandales du grand schisme.

Du naufrage des pouvoirs universels émergeront alors les nations. Comme la chrétienté avait succédé à l'empire romain, l'Europe succède à la chrétienté; mais combien confuse encore et chaotique! Aussi faut-il chercher plus loin une date de démarcation dans l'histoire politique du continent. Au quatorzième siècle, le vrai moyen âge est fini, mais il y a toujours un empire d'Orient, et même il semble renaître; toujours un saint empire, et même il s'acquitte de son mieux, pendant les désordres du grand schisme, de son office d'avoué de l'église; toujours l'illusion de la croisade, et même des aventures héroïques de croisés. Au quinzième siècle encore, le schisme et le musulman préoccupent Jeanne d'Arc et la troublent. Les chevaliers d'Occi-

dent, entre deux batailles, jurent sur le
faisan l'extermination de l'Infidèle.

Cependant, l'Infidèle prendra Constantinople. L'Europe, qui avait été le chercher
et le combattre chez lui, permettra au Turc
de transformer en mosquée l'église patriar-
cale de Sainte-Sophie. Elle laissera aux
petits peuples des Balkans le soin d'arrêter
l'Asiatique sur la route qui mène au cœur
du continent. Le roi très chrétien de France
et le roi catholique des Espagnes, le pape
lui-même pèseront en politiques le prix de
l'alliance ottomane, et la feront entrer
comme un élément dans leurs calculs :
signe certain qu'une période de l'histoire
de l'Europe est close.

C'est donc jusque vers la fin du quinzième siècle qu'il faudra mener l'histoire
des divers pays d'Occident et d'Orient.

L'empire d'Orient.

Pendant cette longue période, le contraste

va se marquant de plus en plus entre l'Occident et l'Orient.

L'empire en Occident est un pouvoir à peu près idéal, sans territoire déterminé, sans nom même, car ce n'est pas un nom que cette périphrase par laquelle il est désigné de « saint empire romain de la nation germanique ». L'empire en Orient est une domination réelle, qui s'exerce sur une région précise, et qui porte un nom national, *Romania*.

L'empire en Occident est partagé en deux pouvoirs : spirituel et temporel. En Orient, il n'a pas toléré à côté de lui une monarchie sacerdotale, indépendante du pouvoir civil. Le βασιλεύς a été une sorte de pape-roi. Au moment où la papauté, devenue toute-puissante, régit les rois de l'Occident, Constantinople se sépare de Rome par le schisme.

L'empire byzantin était donc plus cohérent et plus fort que son rival, mais il avait trois sortes d'ennemis. D'abord un ennemi intérieur : des groupes ethnographiques, établis sur le territoire de la *Romania*, et qu'il n'avait point assimilés; puis, deux ennemis extérieurs, l'Occident catholique et l'Orient musulman.

Une triple question se posait à propos de la destinée de l'empire : les nations établies sur son territoire en demeureraient-elles maîtresses, et la péninsule des Balkans serait-elle partagée dès le moyen âge en petits États indépendants? L'Occident ressaisirait-il Constantinople et la Péninsule ? Ou bien Constantinople et la Péninsule deviendraient-elles la proie de l'Asie ?

Les nations des Balkans ont eu leurs heures : au neuvième siècle, la Bulgarie devient un État redoutable et des principautés slaves s'établissent; au quatorzième siècle, la Serbie est un empire.

L'Occident s'est cru un moment maître de l'Orient. L'Europe pontificale et chevaleresque avait entrepris les croisades pour reprendre aux infidèles les lieux saints conquis par eux sur le βασιλεύς. Elle avait envoyé en Asie des milliers et des milliers d'hommes. L'empereur, très supérieur en politique à ces barbares, les avait joués. A la faveur des premières croisades, il avait recouvré des parties perdues de l'Asie Mineure. Mais les marchands de Venise étaient aussi des politiques : les circonstances leur donnèrent la direction de la quatrième croisade, et les barons chrétiens, aussi *convoiteux* que la République des lagunes, se partagèrent l'Empire, au début du treizième siècle. Alors règnent, à Constantinople, un empereur flamand; à Thessalonique, un roi italien; en Achaïe, à Naxos et dans Athènes, de petits dynastes, pendant que Venise s'établit en Crète et dans le Péloponnèse.

Quant à l'Asiatique, le troisième des successeurs possibles, il a livré au Byzantin un assaut continuel. Après que l'empire arabe, qui avait couvert l'Asie, l'Afrique.

l'Espagne et la Sicile, s'est écroulé, l'émir ottoman, établi en Asie Mineure, est devenu un redoutable voisin.

Contre tous ces ennemis le βασιλεύς s'est défendu avec une constance et une habileté qui forcent l'admiration. Telle était la vitalité de « l'homme malade » de ce temps-là, qu'il se remit de l'étrange accident de la quatrième croisade. A la fin du treizième siècle, il a reconquis Constantinople ; l'empire restauré recommence la conquête de la Péninsule ; il reprend ses trois mers et pousse sa domination jusqu'au Péloponnèse. Il semble de force à prévaloir et sur les Slaves, et sur les Bulgares, et sur les principautés d'Épire, d'Achaïe, d'Athènes, et sur Venise ; mais la puissance des Turcs s'amasse de plus en plus dense en Asie.

Il y a là une grande réserve d'hommes et de soldats, conduits par une dynastie de chefs absolus qui, tous, veulent la même chose. La grande lutte emplit le quator-

zième et le quinzième siècle. A la fin, Constantinople devient la capitale de l'État
ottoman, qui comprend toute la péninsule,
depuis la Save jusqu'au cap Matapan, à
l'exception de quelques points demeurés
vénitiens et de l'héroïque Montenegro.

L'Asie a pris sur l'Europe la revanche
des guerres médiques, des conquêtes
d'Alexandre et des Romains, de celles du
βασιλεύς et des croisés. Elle va prolonger son
empire dans la Méditerranée par la conquête des îles et de l'Afrique, vers l'Europe
centrale par les progrès des Turcs sur le
Danube. Voilà pour un long temps la question d'Orient réglée : Slaves, Bulgares, Al-
banais, Roumains, Hellènes, s'endorment
sous la domination du cimeterre et du
croissant, mais ils ne font que dormir.

L'empire d'Occident.

Après la mort de Charlemagne, un parti
ecclésiastique et impérialiste avait essayé

en vain de maintenir l'unité de l'empire.
La force des choses, permanente sous les
accidents de la politique et du hasard, avait
séparé l'Allemagne, la France et l'Italie :
mais la séparation, commencée au traité de
Verdun en 843, ne fut pas complète. Les
trois pays ne sont pas des États : un État
est un être politique organisé, et il n'y
aura d'États à proprement parler (de
grands États au moins), qu'à la fin du
moyen âge. Ils ne sont pas des nations :
une nation est une personne formée,
consciente et responsable ; il n'y aura pas
de véritables nations sur le continent avant
notre temps.

Au neuvième siècle, la France et l'Allemagne n'ont pas encore trouvé leur nom.
Charles le Chauve est roi des Francs ; Louis
le Germanique est roi des Francs. Ils se
distinguaient l'un de l'autre d'après les
points cardinaux : Charles commandait aux
« Francs occidentaux », et Louis aux « Francs
orientaux ». Peu à peu, avec une grande

lenteur, chacun des deux pays se fera sa
destinée particulière.

Quant à l'Allemagne et à l'Italie, elles
furent liées l'une à l'autre par la restauration de l'empire au dixième siècle. Un
même personnage fut dès lors roi en Allemagne, roi en Italie et Empereur. L'Allemagne et l'Italie furent le domicile du sacerdoce et de l'empire, honneur de longue et
grande conséquence pour l'avenir de l'une
et de l'autre.

Empire et sacerdoce. Conséquences pour l'Allemagne.

Ce fut, au moyen âge, l'homme le plus
occupé du monde et le personnage politique
le plus singulier que l'empereur-roi. Il ne
parvint pas à se faire reconnaître pour
un monarque universel, et il ne devint
point le monarque d'une nation particulière. Ne sachant trop comment s'appeler,
il se nomma tout court *imperator*. Sa capi-

tale légale était Rome, mais il n'y résidait
point. Il n'eut pas de capitale en Allemagne. Il ne se fixa nulle part.

Dans la période de la décadence carolingienne, l'usage de l'élection des rois s'était
régulièrement établi. Pour devenir roi en
Allemagne, il fallait donc être élu. D'autre
part, pour devenir empereur, l'élu devait
aller se faire couronner par le pape à Rome.
Si le roi allemand avait été un simple roi,
il aurait sans doute pu s'affranchir de
l'élection, comme ont fait les Capétiens en
France, dès la cinquième génération ; mais
il était en même temps empereur, et le pape
n'admit jamais que la dignité impériale fût
héréditaire, ni que le couronnement fût
réputé une formalité vaine. Il s'entendit
avec les princes germaniques pour per-
pétuer la coutume de l'élection, qui mettait
l'élu à la discrétion des électeurs, comme
le couronnement l'obligeait à compter avec
le pape. Il n'y eut donc pas en Allemagne
cette continuité dans l'action monarchique,

5.

par laquelle d'autres pays furent consti-
tués en États, qui devinrent ensuite des
nations.

L'office le plus clair de l'empereur étant
d'être l'*avoué* de l'Église, il dut se charger
des destinées de la papauté, la relever de
l'abaissement où elle était tombée au
dixième siècle, puis, après lui avoir donné la
force de lutter contre lui, lutter contre elle.
Comme avoué de l'Église, et comme roi en
Italie, il fut impliqué dans toutes les affaires de la Péninsule, où il trouva des alliés,
mais aussi des adversaires.

Quant à l'Allemagne, elle fut un des
théâtres de la lutte entre l'empereur et le
pape. Non seulement les princes écclésias-
tiques, mais aussi des princes laïques, inté-
ressés au désordre où croissait leur indépendance, tinrent pour le pape contre
l'empereur.

Dès le milieu du treizième siècle, l'Allemagne n'est plus qu'une fédération anar-
chique de principautés et de républiques.

Plus de vie collective, point d'armée, point de finances, point de justice. La guerre est partout et il n'y a plus d'autre droit que le droit du poing (*Faustrecht*). Pour se protéger, princes et villes font des ligues pour la paix : ces ligues elles-mêmes sont belliqueuses, car elles font la guerre à la guerre.

A ce désordre préside un monarque : il s'appelle toujours l'empereur ; mais à la fin du treizième siècle, il n'est plus, sous la parure de ce titre, qu'un petit prince allemand, exploitant sa dignité pour faire la fortune de sa maison. Les Luxembourg, hobereaux du pays d'Ardenne, et les Habsbourg, minces seigneurs du pays d'Argovie, se composent un domaine patrimonial. « Chacun pour soi » : telle est la devise de l'Allemagne dans ce temps-là. Ce pays, qui semblait, au dixième siècle, de tous les pays carolingiens le plus proche de l'unité, s'installe dans l'anarchie.

Conséquences pour l'Italie.

Pas plus que l'Allemagne, l'Italie n'était
prédestinée à la division. La longue habitude de voir ces deux pays morcelés induit
à croire qu'ils ont suivi une vocation naturelle, mais rien ne prouve que l'unité fût
plus difficile à établir en Allemagne et en
Italie que dans d'autres régions. Sans doute
la géographie y dresse des obstacles à
l'unité, mais ne s'en trouve-t-il pas aussi
en Espagne, même en France?

La grande différence entre les destinées
de la France et de l'Allemagne, de l'Espagne et de l'Italie, a donc été faite par
l'histoire.

Chez nous, un peuple germanique, les
Francs, établi sur terre gallo-romaine, mê-
lant son sang, son esprit et ses lois au
sang, à l'esprit et aux lois de l'ancienne
population, a été l'artisan d'une nationalité. En Italie, les Ostrogoths d'abord, les

Lombards ensuite, auraient pu accomplir la même œuvre. La papauté les a considérés comme des étrangers et des ennemis. Au moment où les Lombards allaient occuper Rome, elle a appelé les Francs. Charlemagne s'est substitué, dans l'Italie du Nord, au roi qu'il avait vaincu, mais il a laissé subsister, au sud, des duchés lombards et des pays de domination byzantine. Pépin et lui ont fondé un état pontifical. Ces duchés méridionaux, cet État de saint Pierre, ce royaume du nord, c'est le commencement de la polyarchie italienne.

Dans le naufrage de la famille carolingienne, l'empire semblait avoir sombré. Des essais furent tentés de monarchie italienne. Le pape y coupa court en rétablissant l'empire, et il plaça la Péninsule sous le joug tudesque, qui lui a été si odieux et qui s'est perpétué sous des formes diverses, jusqu'à nos jours.

La papauté inaugura un jeu redoutable en opposant barbares à barbares. Pour

chasser les Staufen allemands du royaume
des Deux-Siciles, un pape y appela, dans
la seconde moitié du treizième siècle, les
Angevins de France.

Ce serait faire preuve d'inintelligence
que de reprocher à la papauté du moyen
âge un crime contre la nationalité italienne,
qui n'existait pas. Le pape ne pouvait être
ni l'homme d'une cité, ni l'homme d'un
pays, sans déchoir de sa dignité, la plus
haute qui fût sous le ciel. Par définition et
d'office, il faisait de la politique universelle,
et il cherchait, par cette politique, à garan-
tir l'indépendance et la puissance du siège
des apôtres. A la fin du moyen âge, il deviendra prince italien et fera de la politique
italienne, mais alors il compromettra la
papauté et même l'Église.

Il n'en est pas moins vrai que Machiavel,
se plaçant au point de vue italien, a raison
d'attribuer à la papauté le désordre de
l'Italie. Elle y a contribué pour une large
part.

Comme en Allemagne, on vit d'abord se former, du dizième au treizième siècle, des principautés féodales et des républiques; ensuite, du milieu du treizième siècle à la fin du moyen âge, la plupart des républiques se transformer en principautés. Au quinzième siècle, Milan, Florence, l'État de l'Église, l'oligarchique république de Venise et le royaume de Naples forment une pentarchie, dont chaque membre a ses intérêts, et dont aucun ne connaît le sentiment d'un patriotisme italien.

L'expansion de l'Italie.

Anarchie en Allemagne, polyarchie en Italie ne signifie pas inertie de l'Allemagne, ni de l'Italie. Pour ne pas avoir de commun maître, ni de vie commune, ni de patriotisme collectif, ces pays souffriront les maux de la guerre civile continue; par surcroît, ils deviendront, dans les temps modernes, les champs de bataille de la politique euro-

péenne. Mais ce n'est pas un mal sans compensation, que de n'avoir pas un gouvernement qui emploie toutes les forces à des
fins déterminées. L'Italie est en fragments,
mais qui vivent d'une vie d'autant plus
intense qu'elle est plus conforme aux aptitudes naturelles de chacun d'eux. Qu'une
monarchie italienne siège dans Rome capitale : Rome perd son incomparable originalité de ville sacerdotale et de ville universelle ; l'histoire ne connaît ni l'énergie
florentine, ni l'énergie vénitienne.

Déjà la Renaissance a commencé. Elle
est un produit naturel de la terre classique
italienne, mais la polyarchie en a favorisé
la croissance et permis la libre variété. En
attendant que l'esprit italien se répande
sur l'Europe, les grandes villes d'Italie
règnent sur la Méditerranée. Elles sont les
intermédiaires rapidement enrichis entre
l'Orient et l'Occident. Elles inventent et per-
fectionnent les institutions commerciales :
les consulats, le change, la banque. Les ban-

quiers en France s'appelaient des Lombards,
et la monnaie italienne courait dans toute
l'Europe occidentale, où l'on comptait par
ducats, qui étaient les monnaies de Gènes
et de Venise, les deux villes dogales, et par
florins, qui portaient la fleur de Florence.

Il y avait comme un empire méditer-
ranéen de l'Italie : Gènes possédait la Corse
et la Sardaigne ; Venise, une grande partie
de la côte de l'Adriatique et des îles de
l'Archipel. Elle était, avant l'arrivée du
Turc, le seigneur d'un quart et demi de
l'Empire grec.

Expansion de l'Allemagne au nord et à l'est. Les trois zones.

Très énergique et très féconde a été, pendant le moyen âge, l'anarchie allemande.

L'Allemagne carolingienne était à peu
près comprise entre le Rhin et l'Elbe, mais
elle pouvait s'étendre dans trois directions :
au sud, des voies naturelles, abaissant la

montagne, l'appelaient en Italie ; à l'ouest,
entre elle et la France, entre Rhin et Meuse,
Rhône et Alpes, une région, de destinée
politique incertaine, s'ouvrait à la concurrence des deux peuples ; au nord et à l'est,
un immense terrain vague s'offrait à la
colonisation germanique.

C'est l'Allemagne officielle, l'Allemagne
impériale qui est intervenue en Italie, où
elle n'a fait, de rares moments exceptés, que
de méchante besogne. A l'ouest, l'action
germanique a été de bonne heure contrariée, puis arrêtée par la France. Sur la
troisième région, l'Allemagne s'est large-
ment épandue.

De ce côté, la frontière d'Allemagne était,
au temps carolingien, frontière de chrétienté. Reculer cette frontière, la reculer
toujours, jusqu'à ce que le dernier païen,
soumis et converti, devînt à la fois le fidèle
du seigneur pape et le fidèle du seigneur
empereur, c'était l'office extérieur, la politique nécessaire de l'empire, restauré une

première fois en l'an 800, une seconde
fois en l'an 962.

Au temps de Charlemagne, une foule de
peuples païens et barbares s'échelonnaient
le long de la frontière chrétienne, et se pro-
longeaient dans la région inconnue du
Far-East européen et dans la péninsule
du nord.

C'étaient, aux bouches de l'Elbe, les
Scandinaves ; tout le long de l'Elbe et de la
Saale, des rives de la Baltique aux monts
de Bohême, les tribus slaves des Polabes ;
en Bohême, les tribus slaves des Tchèques ;
sur le Danube, les hordes touraniennes
des Avares, que remplaceront plus tard les
Magyars; au sud-est, jusqu'à l'Adriatique,
encore des tribus slaves. Derrière cette
première zone de peuples, avec la plupart
desquels Charlemagne avait pris contact,
une seconde, entièrement slave, comprenait, du nord au sud, la Poméranie, la
Pologne, la Silésie.

Au delà encore, le long de la Baltique

orientale, vivaient des tribus finnoises et lithuaniennes ; dans la grande plaine, les Russes.

La tâche de faire entrer ces peuples dans la civilisation chrétienne aurait dû être partagée entre les deux empires de l'Occident et de l'Orient ; mais l'empire d'Orient n'avait pas trop de toutes ses forces pour défendre son existence, et l'autre ne réunit que pendant un temps très court les forces de l'Allemagne sous son commandement : si bien que l'œuvre chrétienne et civilisatrice fut faite presque entièrement par des entreprises particulières.

Progrès dans la première zone.

Sur les Scandinaves, l'Allemagne ne gagna rien. Les trois royaumes, Danemark, Suède, Norwège, sont formés au dixième siècle : ils deviennent chrétiens. Or devenir chrétien, c'était acquérir le droit de vivre. Chaque fois qu'un peuple entrait dans l'Église, la future Europe s'enrichissait d'une recrue nouvelle. Le Danemark, voisin de l'Empire, est en relations avec lui, et, par moments, son roi est une sorte de vassal de l'empereur ; mais sa condition habituelle est l'indépendance. Les rois scandinaves sont bientôt en état de disputer aux Allemands la Baltique, cette Méditerranée sombre, sur laquelle ont été livrés tant de combats, obscurs et violents, entre les peuples concurrents.

L'Allemagne s'étendit au contraire très vite, et pour y demeurer maîtresse à toujours, dans la région des Slaves de l'Elbe. A la fin du douzième siècle, les Slaves du pays entre la Saale et l'Elbe sont germanisés et convertis : ce fut l'œuvre des margraves de Lusace et de Misnie. Les Slaves du pays entre l'Elbe et l'Oder sont en grande partie exterminés : ce fut l'œuvre des ducs de Saxe et des « margraves du nord », qui prirent au douzième siècle le nom, destiné à

6.

devenir célèbre, de margraves de Brandebourg.

Les Slaves des rives de la Baltique reçoi-
vent des colons en foule ; leurs princes se
germanisent ; leur pays, le Mecklembourg,
devient une prolongation transalbine de
la basse Allemagne. Ainsi, toute la partie
septentrionale de la première zone est
acquise à l'Allemagne.

Les Tchèques se défendirent mieux en
Bohème ; leurs ducs devinrent des rois et des
chrétiens, ce qui les sauva. Il est vrai qu'ils
furent vassaux de l'Empire, et la couronne
de Bohème, qui était élective, finira par
se fixer sur la tête de princes allemands,
les Habsbourg ; mais la destinée des Tchèques fut très différente de celle des Slaves
du Nord. Ils ont gardé leur race, leur langue, leur esprit particulier. C'est pour
cela qu'il existe aujourd'hui pour l'Autriche une question tchèque. Il n'y a point
de question polabe, parce que les Polabes
sont morts.

Progrès dans la seconde zone.

Les progrès de la race allemande furent
moins considérables naturellement dans la
zone de l'Oder. La Poméranie, la Pologne,
la Silésie, reçurent en foule des colons
allemands, laboureurs, marchands, artisans,
soldats. Mais le duché de Poméranie gardera
une dynastie indigène jusqu'au dix-septième
siècle, et les Allemands, dans ce pays, ren-
contreront la concurrence des Scandinaves.
La Silésie, qui s'émiette en duchés et en
principautés, n'appartient à personne.

La Pologne, dès le moyen âge, prépare
les désastres de son avenir. Elle laisse échap-
per la Poméranie, qui lui aurait donné la
mer, et la Silésie, qui l'eût appuyée à la montagne. Elle demeure un royaume de plaine
ouvert à tous les vents. Elle ne réussit pas
à se tasser ni à s'organiser. Sa cavalerie
féodale fait en un temps de galop des conquêtes qu'elle ne garde pas. Elle ne sait pas

produire une race royale, et elle offre sa couronne élective aux compétitions des maisons étrangères. La Pologne n'en est pas
moins un royaume slave, chrétien, plus in-
dépendant que la Bohême. La Germanie,
qui a rencontré au nord une Scandinavie,
se heurte, à l'est, à une Slavie. La future
Europe se complique, à mesure qu'elle
s'étend.

Progrès dans la troisième zone.

Jusqu'à la troisième zone a pénétré l'Allemand. Ici la race des Finnois peuplait la
Finlande et s'avançait sur les côtes de la
Livonie et de l'Esthonie; des peuples indo-
européens, Lithuaniens, Lettes, Prussiens,
se succédaient, depuis l'intérieur de la
Livonie jusqu'à l'embouchure de la Vistule.
Ennemis les uns des autres, païens, sta-
tionnant dans l'impuissance de la barbarie
primitive, ces peuples de la Baltique orientale, en attendant l'éveil, encore lointain,

de la Russie, furent la proie de peuples de
l'Occident : la Suède prit la Finlande et la
Carélie; le Danemark, l'Esthonie. Mais les
grandes conquêtes furent faites par des
Allemands.

La Hanse, ligue de marchands allemands,
(de marchands qui étaient, à leur façon,
des soldats et des croisés) couvrit le littoral baltique de ses comptoirs fédéraux. Un
ordre chevaleresque allemand, celui des
Porte-Glaives, fut fondé à Riga même. Un
autre, celui des Teutoniques, né en Pales-
tine, où il avait fourni une brillante carrière, alla s'établir en Prusse après qu'il
eut été exilé de la Terre sainte ; conquérant
et administrateur, il fonda un État qui est
une des curiosités de l'histoire. Les deux
ordres réunis sous un même grand-maître,
dans la seconde moitié du treizième siècle,
gouvernèrent un vaste et riche pays, dont
les deux provinces principales, la Livonie
et la Prusse, toutes pleines de colons
allemands, étaient comme une Allemagne

extérieure, une avant-garde germanique
dans le *Far-East* européen. Au nord, cette
domination s'étendait jusqu'à Narva; au
sud, une série d'acquisitions, faites aux
dépens de la Poméranie et de la Pologne,
mettait les chevaliers allemands en communication avec les margraves allemands de
Brandebourg.

Progrès dans la vallée du Danube.

Au sud-est de l'Allemagne, dans la vallée
du Danube, la voie d'expansion était moins
large qu'au nord et moins commode. La
vallée du fleuve s'étrangle entre les con-
treforts des monts de Bohême et ceux des
Alpes. La Bavière, d'ailleurs, ne pouvait
fournir un contingent aussi considérable
d'émigrants que l'Allemagne du Nord avec
sa grande plaine et son immense littoral.

Enfin, au point où s'élargit la route
danubienne, les Hongrois ont donné à leur
horde le campement définitif. Comme les

Danois, les Bohémiens et les Polonais, ils sont entrés dans l'histoire de l'Europe le jour où ils se sont convertis. Ils ont été en relations avec l'empire, mais ils n'en ont supporté la suzeraineté que temporairement. Leur couronne élective s'arrêtera, comme celle des Bohémiens, sur la tête habsbourgeoise; mais plus encore que le Tchèque n'est resté tchèque, le Hongrois restera hongrois. Aussi y a-t-il aujourd'hui une question hongroise comme une question tchèque. Le Habsbourg qui est chargé de résoudre l'une et l'autre, ne résoudra ni l'une ni l'autre.

Résumé de l'expansion allemande.

L'Allemagne a donc versé au dehors le trop-plein des forces qui étaient en elle. Toutes les classes de sa population ont concouru à la conquête, à la colonisation et à la mise en valeur d'un immense terrain. Les princes de la frontière ont conquis les

cantons limitrophes ; les chevaliers ont re-
cruté les deux ordres des Teutoniques et
des Porte-Glaives, et les ont soutenus dans
leurs luttes contre les populations indigènes
par des croisades, sans cesse renouvelées.
Le clergé régulier et séculier a envoyé des
missionnaires, des moines, des prêtres, des
évêques. Les marchands ont bâti des villes
neuves, ou transformé en villes des bour-
gades du littoral baltique et des rives de
fleuves. L'outil de l'ouvrier et la charrue du
paysan d'Allemagne ont porté la richesse
où végétait la barbarie. L'appât des aventures, l'esprit de prosélytisme religieux,
l'espérance du gain ou celle du martyre,
l'amour de l'indépendance, la recherche
de la liberté et de la propriété, ont poussé
toutes ces catégories d'émigrants dans cette
Amérique. Et l'Allemagne, qui s'arrêtait à
l'Elbe au temps carolingien, touchait au
Niémen. Elle avait ou détruit ou soumis
quantité d'ennemis du monde chrétien,
ceux que Charlemagne avait connus et com-

battus, et d'autres, dont il n'avait pas même su le nom.

Au quinzième siècle, il est vrai, la fortune germanique recula. Deux ennemis redoutables se déclarent au même moment : les Turcs vont conquérir presque toute la Hongrie et menacer l'Allemagne danubienne; la Pologne, après s'être unie à la Lithuanie, la grande ennemie invaincue des chevaliers teutoniques, prend l'offensive contre les Allemands. Elle démembre l'État des chevaliers, leur enlève les bouches de la Vistule, fait de Dantzig une ville royale polonaise, et coupe ainsi la communication entre l'Allemagne et l'Ordre, entre le corps de bataille et l'avant-garde, qui se trouve fort aventurée. Mais la puissance turque devait demeurer barbare et asiatique, et la Pologne était incapable d'acquérir la solidité d'un état bien ordonné. Les siècles suivants verront la revanche de l'Allemagne sur le Slave et sur le Turc.

Effets produits sur l'histoire de l'Allemagne par cette expansion. L'Autriche et la Prusse.

Ce développement de la force germanique n'est pas seulement un fait considérable dans l'histoire de l'Europe ; il eut pour l'Allemagne les plus graves conséquences. Sur cette frontière disputée, dans la zone de la lutte perpétuelle, se forment et grandissent les deux États qui, l'un après l'autre, domineront l'Allemagne, c'est-à-dire l'Autriche et la Prusse. Tous les deux sont nés à l'ennemi.

Le berceau de l'Autriche est la marche orientale, établie par Charlemagne sur le Danube, en avant de la Bavière, à la porte même par où ont passé tant d'envahisseurs venus de l'Orient. C'était un vrai poste de combat de la race germanique, entre la Bohême et la Carinthie slaves, en face de l'Avare, puis du Hongrois. Depuis la fin du

treizième siècle, les Habsbourg la possédaient. Les acquisitions successives qu'ils
firent de l'ancienne marche de Carinthie,
du comté de Tyrol, et de Trieste, consti-
tuèrent, avec la marche d'Autriche, un
groupe de provinces, moitié germanique et
moitié slave, ayant jour sur l'Adriatique et
l'Italie, en relations nécessaires avec deux
royaumes de la zone de l'est, la Bohême
et la Hongrie. Déjà, au quinzième siècle, un
Habsbourg d'Autriche est roi des deux
pays : c'est un indice et un présage pour
l'avenir. Deux siècles auparavant, un Habsbourg avait porté la couronne impériale ;
depuis le quinzième siècle cette couronne,
qui reste élective en principe, est, en fait,
héréditaire dans la maison autrichienne.
C'est là encore un des éléments de la fortune future des Habsbourg. Ils ne sont, à la
fin du moyen âge, que de pauvres princes :
ils sont tout près de devenir les premiers
princes du monde.

Le berceau de la Prusse, c'est la marche

de Brandebourg, entre l'Elbe et l'Oder,
dans la région des Slaves exterminés, pauvre pays tout plat et balayé par des vents
qui amoncellent son sable en collines
chauves. La Marche a conquis par l'effort
continu le droit de vivre. Elle avait déjà
survécu à bien des catastrophes, quand
elle devint, au commencement du quinzième siècle, la propriété des Hohenzollern. Le Brandebourg était dans l'alter-
native de s'accroître (car on ne fait pas une
patrie avec un morceau de plaine) ou de
mourir : il s'accrut dans la direction de la
mer, au détriment du Mecklembourg et de
la Poméranie ; dans la direction de la montagne, à travers la Lusace et la Silésie. Il
était le grand champion allemand du Nord-
Est, le collaborateur des Teutoniques, avec
lesquels il voulut un jour — c'était à la fin
du quatorzième siècle — partager la Pologne.

Cet accord des margraves et des chevaliers, et cette similitude de vocation étaient

des indices pour l'avenir. Le temps est
proche où la Prusse des Teutoniques sera
unie à la marche de Brandebourg par un
lien indissoluble. Alors l'État brandebour-
geois prussien s'annoncera comme l'héritier
de ces chevaliers, de ces prêtres, de ces
marchands et de ces paysans, qui ont été,
au delà de l'Elbe, les pionniers du germanisme.

La région intermédiaire entre Allemagne et France.

A ce progrès énorme de l'Allemagne du
côté de l'Orient s'oppose, comme un contraste absolu, le recul à l'Occident.

L'histoire de la région entre l'Allemagne
et la France est très singulière. Quand les
trois fils de Louis le Débonnaire se partagèrent l'empire au neuvième siècle, ils
trouvèrent tout naturel (car les hommes de
ce temps n'avaient pas le sentiment de la
réalité des choses, et ils suivaient aveu-

glément les idées qui possédaient leur
esprit) de donner à l'empereur Lothaire
Rome et Aix-la-Chapelle, les deux capitales
impériales. Lothaire eut donc l'Italie, et une
longue bande de territoire entre l'Escaut,
la Meuse et le Rhône, d'une part, le Rhin
et les Alpes, de l'autre. Ainsi fut placé entre
la future France et la future Allemagne un
champ clos, qui a vu déjà, qui, sans doute,
verra encore bien des batailles.

Cette bande étroite et longue fut partagée de bonne heure en deux régions :
Bourgogne, entre les Alpes, la Saône, le
Rhône et la Méditerranée ; Lorraine, au
nord de Bourgogne. Comme l'Allemagne
fut d'abord beaucoup plus forte que la
France, elle domina l'une et l'autre. La
Lorraine et la Bourgogne devinrent pays
d'empire. Mais la puissance impériale s'affai-
blit, au moment où le royaume de France
se fortifiait. Au reste, l'Allemagne était
mal armée sur la frontière occidentale. Ici,
elle n'avait pas affaire, comme à l'Est, à des

païens. La frontière n'était pas marquée
nettement par une différence de langue, de
race et de civilisation. Aussi ne s'y trouvait-
il pas d'États allemands organisés pour la
guerre. Pendant que des margraves gardent
le cours de l'Elbe, le Rhin est devenu «la
rue des prêtres». Dans ces principautés
d'archevêques, d'évêques et d'abbés, s'alan-
guit la force allemande, si énergique à
l'Orient. A la fin du quinzième siècle, l'Empire a perdu presque toute son annexe occidentale où la France fait des progrès.

La formation de la France.

Lorsque la France se détacha de l'Empire
au neuvième siècle, elle était, des trois régions impériales, celle qui semblait le moins
près de former une nation. Il n'y avait aucune unité dans le pays à l'ouest de l'Escaut,
de la Meuse et du Rhône. Quelques principautés, duchés ou comtés, s'y formaient,
mais chacune d'elles était décomposée en

fiefs laïques et en terres d'église. Sur ces
fiefs et ces terres, l'autorité du duc ou du
comte, qui était censée représenter celle
du roi, ne s'exerçait qu'à condition que le
seigneur tirât de ses propriétés personnelles
une force suffisante.

Le roi, sans domaines, mourant de faim,
demandait dans des actes officiels quels
moyens il pourrait bien trouver de vivre
avec quelque décence. Il agitait de temps à
autre, au-dessus de ce chaos, la théorie de
son autorité. Il était un maigre fantôme
solennel, égaré au milieu de vivants très
grossiers et très énergiques. Le fantôme
alla s'amincissant toujours, mais la royauté
ne disparut pas. On était habitué à son existence, et les gens de ce temps-là n'avaient
pas assez d'idées pour imaginer une révolution. Par l'élection de Hugues Capet en
987, la royauté redevint une réalité, parce
que le roi, qui était duc de la *Francia*, eut
des terres, de l'argent et des fidèles.

Il ne faut pas chercher à se représenter

un plan de conduite et une politique rai-
sonnée des Capétiens : ils employèrent
toute sorte de moyens à la fois.

Pendant plus de trois siècles ils eurent
des enfants mâles : le premier mérite de la
dynastie fut qu'elle dura. Comme il arrive
toujours, du fait sortit le droit, et ce hasard
heureux produisit la légitimité héréditaire,
qui fut une grande force.

Le roi avait d'ailleurs tout un arsenal de
droits : vieux droits de la royauté carolingienne où persistait le souvenir du pouvoir
impérial, que l'étude des lois romaines
allait bientôt ranimer, au point de faire
de ces revenants des contemporains redoutables ; vieux droits conférés par le sacre,
impossibles à définir et, par conséquent,
incontestables ; droits de suzeraineté plus
nouveaux et plus réels, qui allaient être
précisés et codifiés à mesure que la féodalité s'organiserait : joints aux autres,
ils faisaient du roi le propriétaire de la
France.

Voilà ce qu'apportait la royauté capétienne au jeu des circonstances.

Tout lui profita : les misères de l'Église,
qui, désarmée, au milieu d'une société violente, réclamait, d'une extrémité à l'autre
du royaume, la protection royale ; les efforts
que fit le tiers ordre pour être admis avec
des droits réglés dans la société féodale : le
roi, chef de cette société, fut le protecteur
naturel des nouveaux venus, les bourgeois
des villes de France. Son autorité s'exerça
ainsi, hors des limites de son domaine particulier, dans tout le royaume. Il fit mieux : il
réunit peu à peu la France à son domaine.
Il acquit de petites principautés comme
les comtés d'Amiens, de Vermandois, de
Valois. Il prit, par autorité de justice et par
force, la Normandie, l'Anjou, le Maine, la
Touraine, le Poitou : cette conquête, que
rendit facile la méchante imbécillité de
Jean d'Angleterre, assurait la fortune de la
royauté capétienne. Dès lors, de toutes
parts, arrive l'eau à la grande rivière.

Quand l'Église et la chevalerie du Nord détruisent dans la guerre des Albigeois une dynastie féodale et une civilisation particulière, la royauté acquiert le Languedoc. Quand Philippe le Bel, par mariage, a gagné la Champagne, le domaine du roi de France touche à la frontière impériale, comme à la Méditerranée, comme à l'Océan.

L'expansion de la France.

Aux onzième et douzième siècles, pendant que la royauté était encore très faible et le royaume en anarchie, la France, comme l'Italie et l'Allemagne, a répandu au dehors ses forces vives. Malheureusement, elle n'avait pas à sa portée, comme l'Allemagne, une région vague, habitée par des barbares et par des païens, c'est-à-dire réputée sans propriétaire et de bonne prise pour l'occupant chrétien. La France s'est, pour ainsi dire, jetée sur la croisade ; elle s'est chargée des « actions de Dieu » contre

l'Infidèle. Elle a donné des rois à Jérusalem
et à Chypre, des ducs à Athènes et des empereurs à Constantinople. Elle a bâti sur la
sainte chimère de la Chrétienté, non sans
profit pour sa gloire, pour cette gloire
qu'elle a, de bonne heure, aimée comme un
patrimoine.

Des chevaliers de France ont fondé un
royaume chrétien en Portugal, sur une terre
alors musulmane ; d'autres ont conquis, sur
les Sarrasins et les Grecs, l'Italie du Sud,
mais, ni le royaume de Portugal, ni le
royaume des Deux-Siciles ne deviendra
chose française.

L'expansion de la France en Europe au
moyen âge a été surtout intellectuelle. Notre
esprit a exprimé toute la civilisation de ce
temps, religieuse, féodale et chevaleresque.
Il a écrit des poèmes héroïques, construit
des châteaux et des cathédrales, raisonné les
textes d'Aristote et de l'Écriture. Dans ses
chansons, ses monuments et sa scolastique,
il a rencontré la perfection. Libre déjà, déjà

mobile, déjà gai, il s'est affranchi de la tradition et de l'autorité. Il a trouvé l'élan et la grâce de l'art ogival. Il a parodié lui-même ses chansons de geste et sculpté des caricatures sur les murailles de ses œuvres de foi. Il a donné pour compagnon à « Monsieur saint Louis », qui vivait dans le ciel, le sire de Joinville, qui aimait la terre, sa terre surtout et son beau castel de Champagne, dont il évita la vue, quand il partit pour la croisade, afin d'éviter des larmes à ses yeux, qui n'aimaient point à pleurer. Notre esprit a fait de la prose, de la prose française, aussi bien qu'il faisait des vers. Parmi les théologiens, il a suscité presque des philosophes.

L'Europe chrétienne a imité nos cathédrales, récité nos chansons héroïques et comiques. Elle a ainsi appris notre langue. Des étrangers ont écrit en français « pour ce que la parlure de France était plus délectable et commune à toutes gens ». Parmi les maîtres ès arts de la chrétienté, les plus savants étaient ceux qui avaient soutenu, combattu leur thèse à l'Université de Paris. Presque toutes les universités de l'Europe étaient des essaims envolés de la montagne Sainte-Geneviève. Un proverbe disait que le monde était régi par trois pouvoirs : la papauté, l'empire, la science; que le premier résidait à Rome, le second en Allemagne, le troisième à Paris.

L'histoire politique ne doit pas négliger ces faits de l'intelligence. Dans d'autres pays, d'autres génies ont eu leur puissance et leur beauté. Aucun n'a rayonné comme celui de la France. Cette lumière répandue sur la chrétienté a contribué à faire l'Europe, puisqu'elle a rendu semblables les uns aux autres des peuples très différents les uns des autres. C'était, au moyen âge, notre façon de travailler pour autrui.

La politique royale. La patrie française.

De bonne heure est close pour notre pays

l'ère des aventures, et les forces françaises
sont employées par la politique royale. Dès
que la royauté a commencé à prendre possession du royaume, elle a eu une politique.
Des intérêts de famille l'ont impliquée dans
les affaires de l'Italie, et, par contre-coup,
de l'Aragon ; mais ce n'étaient là que des
accidents. Au contraire, elle a été obligée à
une conduite attentive et suivie à l'égard de
l'Angleterre.

En 1066, un vassal du Roi, Guillaume,
duc de Normandie, a conquis l'Angleterre ;
il est devenu plus puissant que son suzerain.
Ses successeurs, par d'heureuses alliances,
ont grossi considérablement leur domaine
français : un moment, tout notre littoral
océanique leur appartient. D'où, la nécessité
de la guerre.

Ce fut, au début, une guerre féodale,
entre vassal et suzerain, hommes du même
pays, et qui parlaient la même langue. Au
commencement du quatorzième siècle, la
lignée directe des capétiens s'étant éteinte,

il y eut compétition pour la couronne de France entre deux princes français, dont l'un était le roi Édouard d'Angleterre, et l'autre, Philippe de Valois. La guerre, quand elle s'engage, n'est pas d'une nation contre une nation, d'une âme de peuple contre une âme de peuple ; mais elle dure, elle est longue, elle est atroce. D'année en année, croît la haine de l'Anglais. Au contact de l'étranger, la France se prend à se connaître, comme le moi au contact du non moi. Vaincue, elle sent la honte de la défaite. Des actes de patriotisme municipal et local précèdent et annoncent le patriotisme français, qui, à la fin, s'épanouit dans Jeanne d'Arc, et se sanctifie d'un parfum de miracle. Hors de France, les *Goddam!* Ils sortirent de France, et la France fut.

Elle fut d'abord dans le roi et par le roi, qui personnifiait dans sa chair vivante et son sang privilégié l'idée trop abstraite encore de la patrie. La guerre même, avec son cortège de misères et de ruines, l'a fait tout-puissant. Elle a fauché la noblesse, mis les communes en faillite, énervé toutes les forces de résistance. Elle a permis au prince, défenseur du royaume, d'édicter des mesures générales, de faire des lois, de se donner une armée royale, des finances royales, une administration royale. Elle a, en un mot, achevé la monarchie française, qui est, à la fin du quinzième siècle, une des grandes puissances de l'Europe, la plus grande.

Progrès de la France dans la région intermédiaire.

Retournons à présent à la région intermédiaire entre Allemagne et France. Pendant que l'Allemagne fait face à l'est et la France à l'ouest, la région bourguignonne et la région lorraine, n'ayant point en elles-mêmes une raison d'être suffisante, et ne sachant que devenir, sont tombées dans un désordre inextricable.

8.

La Bourgogne commençait à se décomposer, au temps même où les empereurs allemands portaient la couronne d'Arles. Au treizième siècle, il n'y a plus de roi d'Arles ; aucun titulaire royal ne représente devant l'étranger le royaume bourguignon. A ce moment même, la croisade des Albigeois ouvrait le Midi aux armes et à la politique des Capétiens. Une des conséquences de cet événement fut qu'un prince capétien acquit le marquisat de Provence. Au quatorzième siècle, Lyon et le Dauphiné entrent dans le domaine royal ; au quinzième siècle, la Provence devient possession directe de la couronne. Ainsi Lyon, la grande ville romaine, qui avait été le sanctuaire du culte d'Auguste et qui était devenue le siège du primat des Gaules ; Arles, ville romaine aussi, puis capitale du royaume de Bourgogne ; Marseille, la plus vieille cité de la Gaule, sont, à la fin du moyen âge, villes françaises.

Un accident, la conquête de l'Angleterre

par les Normands, avait retenu à l'ouest l'effort de la royauté capétienne ; un autre accident, la croisade albigeoise, l'avait attirée, très loin de sa sphère d'action, au midi de la région bourguignonne. Il se faisait ici un travail confus, des essais singuliers : la confédération suisse et la Savoie commençaient à poindre.

La confédération suisse est née à l'extrémité sud - ouest de l'Allemagne, en Souabe. Elle a trouvé en Souabe, puis en Italie, ses premiers accroissements, mais elle commençait, vers la fin du quinzième siècle, à s'étendre dans la haute vallée du Rhône. Elle perdait son caractère germanique, pour devenir une chose très particulière, une ligue de paysans et de villes groupés en cantons, s'étendant peu à peu malgré les obstacles de nature et les différences de races.

L'État de Savoie est né à la frontière de Bourgogne et d'Italie. Il sembla d'abord devoir se développer en terrain bourgui-

gnon. Les comtes de Maurienne, devenus
comtes, puis ducs de Savoie, furent, de ce
côté de la montagne, d'importants personnages; mais les progrès de la France et
des ligues suisses les continrent bientôt et
les rejetèrent vers l'Italie. Le premier duc
de Savoie fut aussi prince de Piémont;
la formation d'un État à la fois cisalpin
et transalpin était une indication de
l'avenir.

La maison de Bourgogne.

Incertaine aussi est la destinée de la
région lorraine. Là, pousse une végétation
confuse : des pays sans chef comme l'Alsace;
des principautés, comme le duché qui a
gardé et perpétué le nom de Lorraine, et
comme les duchés et comtés des Pays-Bas;
des seigneuries ecclésiastiques, comme l'évê-
ché de Liège. Parmi cette féodalité sans
suzerain effectif, des villes, entourées de
nobles qui vivent de la guerre, sont des

foyers d'industrie et les plus grands centres commerciaux de l'Europe.

Une tentative fut faite par des princes de la maison de France, les ducs de Bourgogne, pour réunir sous une domination les régions bourguignonne et lorraine.

Le duché de Bourgogne était tout à fait en dehors de l'ancien royaume de Bourgogne. C'était un fief français, qui n'eut jamais rien de commun avec l'Empire. Un des premiers Capétiens le donna à son frère au onzième siècle, et un des premiers Valois à son fils, au quatorzième siècle. Des mariages, des héritages, des conquêtes formèrent rapidement un domaine considérable, qui comprit le duché de Bourgogne, les comtés de Flandre, d'Artois, de Rethel, de Nevers, fiefs de la France ; la Franche-Comté, le comté de Namur, le Brabant, le Hainaut, la Zélande, la Hollande, le Luxembourg, etc., terres d'Empire. Menaçant l'Alsace, le duché de Lorraine et les confédérés suisses, cet État représentait assez

exactement l'ancienne Lotharingie pour que
Charles le Téméraire ait essayé d'y refaire
un royaume.

Louis XI réussit à briser cette puissance,
qui interdisait à la France tout progrès du
côté de l'Est, et même lui enlevait des posi-
tions acquises, puisque la limite de l'État
bourguignon, au nord de la France, fut
portée un moment jusqu'à la Somme. La
France rentra dans son bien en reprenant
le duché de Bourgogne et les villes de la
Somme.

A la fin du moyen âge, affranchi des
Anglais, débarrassé de l'ancienne féodalité, uni, fort, il semble que notre pays
doive se tourner vers le Nord et vers l'Est.
Une ambition, qui n'avait fait que som-
meiller, se réveille un moment : reprendre
pour le royaume les frontières de la Gaule.
Mais nos rois sont saisis de la folie, à
jamais déplorable pour la France et l'Italie,
des guerres italiennes, qui deviendront
bientôt européennes. Ils laissent passer

l'heure opportune. La Confédération suisse et la Savoie se fortifient. Les Pays-Bas sont portés par la fille de Charles le Téméraire dans la maison d'Autriche, pour passer ensuite à l'Espagne. Chaque entreprise de la France sur ces contrées provoquera des guerres générales.

Tout ce pays sans maître d'entre Allemagne et France avait été un lieu d'incohérence, d'accidents et de hasards, propre à des formations d'espèces particulières, qui n'ont pas eu leurs pareilles dans le reste de l'Europe, comme les Ligues suisses, ou à des groupements comme ceux du domaine bourguignon, nullement nécessaires à l'origine, mais qui, en durant, ont modifié l'histoire.

La formation de l'Espagne.

En même temps que la France, deux États nouveaux s'organisaient : l'Espagne et l'Angleterre.

Depuis le jour où elle avait été conquise
par les Sarrasins, l'Espagne avait été séparée de l'Europe. Pour comprendre l'in-
différence que les peuples européens ont
manifestée à l'égard de la Péninsule, alors
qu'ils envoyaient tant de milliers d'hommes
en Terre sainte, il faut bien se représenter
que personne alors n'avait l'idée d'une communauté européenne. Le moyen âge, qui
était capable de trouver des règles précises
pour la vie quotidienne, et d'organiser mille
petits gouvernements autour de ses donjons, de ses clochers et de ses beffrois, se
laissait conduire par des sentiments et
des idées tout en dehors du monde réel.
L'homme de ce temps regardait à ses pieds,
mais, quand il relevait la tête, son regard
se perdait dans le vaste ciel.

Nous sommes portés à dire que le pape
et les rois auraient mieux fait d'attaquer
l'islamisme en Europe que d'aller le chercher en Asie : les papes et les rois n'y ont
pas même songé. Ils ont obéi à ce senti-

ment qu'il n'y avait pas de lieu dont la délivrance fût plus nécessaire et plus méritoire que celui où le Sauveur avait vécu et où il était demeuré pendant trois jours enseveli. Ils n'envoyèrent au delà des Pyrénées que des chevaliers isolés, et laissèrent à l'Espagne le soin de se délivrer elle-même.

Le combat dura plus de sept siècles. Il ne fut point mené par un peuple contre un peuple, par un chef contre un chef : plusieurs royaumes chrétiens successivement formés luttèrent contre plusieurs petits États arabes. Au quinzième siècle, l'aspect de la Péninsule s'est simplifié. Il n'y a plus qu'un seul État arabe, celui de Grenade, et quatre royaumes chrétiens : Navarre, Portugal, Aragon, Castille. La Navarre, après avoir été le plus puissant, n'est plus qu'un petit État pyrénéen. Le Portugal, orienté vers l'Océan, y cherche sa fortune. L'Aragon, orienté vers la Méditerranée, a déjà étendu sa convoitise vers les

îles et la péninsule italiennes. La Castille,
le cœur de l'Espagne, est le combattant de
la dernière heure contre le musulman ; elle
va conquérir Grenade. Bientôt l'union de
la Castille, de l'Aragon, de la Navarre et de
Grenade constituera la puissance de l'Espagne, à la fois méditerranéenne et océanique.

Le royaume d'Angleterre.

Comme la grande péninsule du Sud-
Ouest, les îles du Nord-Ouest sont restées
longtemps isolées de l'Europe. Le continent
leur envoie des colons armés, qui se super-
posent en couches plus ou moins épaisses
sur le fond celtique de la population :
Romains, dont la Grande-Bretagne est la
dernière conquête et la moins durable ;
Anglo-Saxons et Scandinaves, arrivés en
grand nombre par une série d'émigrations ;
Normands enfin, c'est-à-dire une armée
venue de la Normandie française, qui se
transforma en une colonie perpétuelle,

et se fondit à la longue dans le reste de la population.

La conversion au christianisme des rois anglo-saxons a rattaché leur île à l'Europe chrétienne. Une église d'Angleterre naquit alors, fille de l'Église de Rome, et qui se montra d'abord respectueuse et obéissante. La conquête de l'Angleterre par le duc de Normandie, vassal du roi de France, a introduit le royaume insulaire dans l'histoire de France, et, par contre-coup, dans les affaires du continent. Mais cette histoire extérieure n'a pour l'Angleterre qu'une importance secondaire.

Les guerres féodales des rois contre leur suzerain, le roi de France ; la guerre de Cent ans elle-même, avec ses dramatiques revers de fortune, ne comptent dans l'histoire générale du pays que par les effets qu'elles ont produits sur le développement constitutionnel du royaume.

C'est un petit pays que l'Angleterre de ce temps-là. Il ne comprend pas toutes les

îles britanniques : le pays de Galles, conquis par les rois normands, resta le pays de
Galles ; l'Irlande, également conquise, resta
l'Irlande ; l'Écosse demeura un royaume
séparé. Au moyen âge, l'Angleterre proprement dite a la taille d'un grand fief
français.

Elle est gouvernée par les premiers rois
normands, comme aucun autre pays ne l'a
été au moyen âge. Les Normands avaient
pris des habitudes de discipline et d'ordre
dans la piraterie, au temps où ils obéissaient aux rois de mer et partageaient entre
eux le butin. Ils les avaient gardées en Normandie qui fut, grâce à eux, la seule terre
française où il y eut une justice forte et la
paix intérieure. Ils les portèrent en Angleterre. Ils se distribuèrent le pays, comme
leurs ancêtres s'étaient partagé jadis l'or,
l'argent, les effets, les bestiaux et les cap-
tifs. Ils se rendirent un compte exact de la
valeur de la prise, en procédant au recense-
ment méthodique des terres et des hommes.

Les rois anglo-normands surent ainsi très exactement ce qu'ils avaient et ce qu'ils pouvaient, choses qu'ignorait tout à fait l'empereur allemand, et que ne savait pas bien le roi de France.

Ils tinrent sous la discipline tous leurs sujets, nobles ou non ; ils gardèrent pour eux et pour leurs officiers la haute justice et le service direct de tous les hommes libres. Ils eurent des vassaux très riches, mais qui ne possédaient point de principautés d'un seul tenant, qui étaient des propriétaires, non des seigneurs. Le peu d'étendue du pays et l'isolement insulaire étaient favorables au maintien du bon ordre royal. Dans ce fragment d'île, entre la mer et des territoires habités par une race ennemie, comme le pays de Galles et l'Écosse, un Anglais est anglais et n'est qu'anglais. Point de frontière flottante, ni de zone vague ; point de grand seigneur dont l'hommage hésite entre deux maîtres ennemis l'un de l'autre, et qui puisse se dire, selon l'occasion, français ou

9.

allemand, comme le comte de Flandre,
français ou aragonais, comme tel seigneur
du midi, vassal du roi de France ou de l'empereur, comme le comte de Toulouse, mar-
quis de Provence.

Cet ordre d'une monarchie bien réglée et
la puissance du monarque produisirent un
effet inattendu : la liberté politique. Précisément parce que le roi avait tout le monde
sous la main, parce que les droits et les
devoirs de tous étaient marqués avec précision, parce que chacun était aisément en
contact avec tous, parce qu'on se voyait,
se connaissait et se coudoyait, la résistance
à un pouvoir trop fort s'organisa aisément
et, du premier coup, atteignit le but. Deux
articles de la Charte de Jean sans Terre,
l'un qui dispose qu'aucun homme libre ne
sera « atteint » en quelque façon que ce
soit, « sinon par le jugement régulier de
ses égaux », l'autre qu'aucune levée d'argent ne sera faite « sinon par le commun
conseil du royaume », ont donné à l'An-

gleterre les deux grandes garanties de la liberté, le jury et le Parlement.

La société anglaise ne se brisa point en castes séparées les unes des autres par des habitudes et par des préjugés. Elle eut ses degrés, mais point de barrières. Enfin, les Saxons et les Normands se confondirent et composèrent ensemble une langue nationale. Dès lors, l'Angleterre du quinzième siècle est plus qu'un État ; elle est presque une nation.

La mer, sur laquelle elle doit régner plus tard, ne lui rend encore d'autre service que de l'isoler, de lui permettre l'originalité, de lui inspirer un sentiment national étroit, mais haut et superbe. Elle n'a ni grande marine, ni grand commerce. Ses villes sont toutes petites. Elle vit (très grassement) de labourage et de pâturage ; elle ne tisse même pas la laine de ses moutons ; elle la vend à la Flandre, qui est son atelier. Aussi est-elle en relations étroites avec ce pays, qu'elle défend déjà contre les rois de France.

Sa vocation extérieure ne lui est pas encore révélée ; mais elle a en réserve des forces : la force d'un tempérament sanguin, vigoureux, violent, et celle que donnent la liberté et l'esprit d'indépendance. Elle les prodiguera d'abord dans ses guerres civiles et religieuses ; à la fin, elle les emploiera à fonder un empire, le plus vaste et le plus florissant que l'histoire ait connu.

Réflexions générales sur l'histoire du moyen âge et conclusion.

Au début du neuvième siècle, l'Europe est partagée en deux régions historiques très distinctes : l'une est la Péninsule des Balkans, où dure le vieil empire ; l'autre est complexe : c'est le pays rhénan, où s'est produite la force carolingienne. et Rome, où la papauté a gardé, en la transformant, la tradition d'un pouvoir universel. La Gaule, la Germanie et l'Italie ne sont alors que des annexes de la *Francia* rhénane, gouvernées au temporel par l'empereur, au spirituel par le pape. L'Angleterre, sous ses rois saxons ou danois, l'Espagne, en grande partie musulmane, ne comptent pas ou comptent peu dans la chrétienté.

Trois grands personnages font l'histoire : le pape, l'empereur d'Occident, l'empereur d'Orient. Le monde a trois capitales : Rome, Aix-la-Chapelle, Constantinople.

Au quinzième siècle, l'empire d'Orient a disparu. La ville de Constantin et la ville de Périclès sont turques ; la Péninsule des Balkans est une annexe de l'Asie.

L'empereur d'Occident n'est plus qu'un petit prince, occupé des affaires de sa maison, impuissant même en Allemagne, même dans ses pays héréditaires. Ce *dominus mundi* est un objet de risée. Le pape est sorti de la crise du grand schisme, amoindri, affaibli, menacé. Le vicaire du Christ est tombé au rang d'un prince italien ; il a une famille à pourvoir, et, comme l'empereur, ses affaires à soigner, qui sont

petites. Contre sa domination spirituelle
ont parlé Wicklef et Jean Huss, dont les
paroles ne seront pas perdues.

Le passé ecclésiastique et impérial s'é-
croule en une ruine sur les pays qui l'ont
porté. Le pays du Rhin est déchu; Aix-la-
Chapelle n'est qu'un souvenir. L'Allemagne
et l'Italie, qui ont refait l'empire au dixième
siècle, et sur qui l'empire a vécu, ne sont
plus guère que des expressions géographiques.

Par contre, à l'Ouest et à l'Est, de grandes
nouveautés se sont produites. A l'Ouest,
la France, l'Angleterre, l'Espagne, trois
êtres formés, sont prêts pour la vie moderne;
à l'Est, hors de l'ancien empire, dans des
régions inconnues des anciens et réputées
horribles, sont apparus le Danemark, la
Suède, la Pologne, la Bohême, la Hongrie,
les Teutoniques et les Porte-Glaives.

De ce côté un immense terrain qui était
en friche a été mis en valeur. Il porte des
châteaux, des palais, des cathédrales, des

hôtels de ville. Il a des saints, des rois, des seigneurs, des évêques, des bourgeois, des artisans, des marchands. Il a des docteurs. On parle un beau latin solennel en Bohême, en Pologne, en Hongrie. Prague a son université sur le modèle de l'Étude de Paris.

Sur tout le continent et dans l'île anglaise, règne une activité confuse, mais singulièrement puissante. Il y a plus d'ouvriers, plus d'artistes, plus de politiques, plus de soldats, plus de raisonneurs, que n'en a jamais connu le monde ancien. L'esprit, bien qu'il n'ait point trouvé les vraies méthodes de travail, travaille plus qu'il n'a jamais fait. C'est une joie pour qui aime la vie, de voir ainsi la vie bouillonner.

De la tumultueuse officine du moyen âge va sortir enfin un personnage historique, plus large et plus puissant que la Grèce et Rome, grandies dans nos imaginations par un préjugé d'éducation. Ce personnage, c'est l'Europe.

LES TEMPS MODERNES

Caractères généraux.

La formation d'États distincts les uns des autres, ayant chacun son caractère, ses passions et ses intérêts, devait produire, comme une conséquence nécessaire, le conflit entre les caractères, les passions et les intérêts. La coexistence d'individus, dont chacun est son maître et considère comme le souverain bien l'absolue possession de soi-même, cette juxtaposition sans hiérarchie, ces ambitions sans modérateur, ces prétentions sans commun juge sont autant de causes de guerres.

Il était certain que la France chercherait

à s'étendre vers le Nord et vers l'Est, à présent qu'elle s'appuyait des deux autres côtés sur ses frontières naturelles ; certain que la France et l'Espagne unifiées auraient, aux Pyrénées, des querelles de voisinage ; certain que la lutte continuerait en Orient entre les Allemands et les Turcs, entre les Allemands et les Slaves ; certain que la concurrence entre les peuples maritimes n'irait pas sans coups de canon tirés sur toutes les mers, mer du Nord, Baltique, Méditerranée, Océans. Mais à ces causes, d'autres s'ajoutèrent pour faire de la guerre l'état quasi normal de l'Europe pendant les temps modernes.

La découverte du Nouveau Monde et l'établissement de relations actives avec l'Asie orientale pouvaient être des dérivatifs au mal européen de la guerre ; ils offraient aux États des emplois de leurs forces. Mais les gouvernements commencèrent par considérer les colonies uniquement comme des pays à exploiter. Pour se réserver les béné-

fices de l'exploitation, ils créèrent des mo-
nopoles qu'ils confièrent à des compagnies
armées. Comme, d'autre part, la centrali-
sation politique avait eu pour effet de transformer le commerce et l'industrie, qui
appartenaient jadis à des corporations, en
choses d'État, il y eut désormais des intérêts
économiques nationaux, qui devinrent des
motifs de guerre. Les Européens, Portugais,
Hollandais, Espagnols, Anglais, Français,
ne se combattirent pas seulement dans les
deux Indes pour se prendre des territoires
ou des droits; ils n'étendirent pas seulement à l'Europe des conflits nés aux colonies : il arriva qu'ils cherchèrent sur le
continent la guerre, pour la pouvoir étendre
aux colonies.

La Réforme ne demeura pas longtemps
un acte de foi : comme l'État et l'Église
étaient liés étroitement l'un à l'autre, réfor-
mer l'Église était une affaire d'État. Là où
elle réussit, elle fortifia l'autorité du prince,
auquel elle donna un fragment de l'unique

et universelle autorité du Saint-Siège. Le
roi d'un pays protestant est l'évêque su-
prême de ce pays, un pape localisé. Le premier effet politique de la Réforme (il sera
corrigé plus tard) a donc été d'accroître
d'une force nouvelle les monarchies, et de
distinguer plus nettement les unes des autres
les principautés européennes. Même, si elle
avait partout réussi, elle aurait stimulé les
rivalités entre les États, par cela même
qu'elle mettait chacun d'eux dans les mains
de son chef, et qu'elle coupait le seul lien
qui les unît encore. Mais elle ne remporta
sur le catholicisme que des victoires par-
tielles.

Elle commença par créer dans tous
les pays deux partis. Là où ils étaient de
force à peu près égale, ils se mesurèrent
dans la guerre civile. Il se forma en outre
un parti catholique et un parti protestant,
tous les deux internationaux : les Espagnols catholiques combattirent en France, à
côté de Français catholiques, contre des

Français, des Allemands et des Anglais protestants.

La vie de la France, celle de l'Angleterre, plus encore celle de l'Allemagne, furent ainsi troublées profondément par des chevauchées de haines religieuses au-dessus des frontières. Sans doute, la politique ne suivit pas aveuglément la religion. La raison d'État fit taire les scrupules confessionnels. Le roi très chrétien de France, qui n'hésitait pas à allier, comme on disait, les lys au croissant, se servit des protestants contre l'Autriche ; les trois puissances catholiques, Espagne, France et Autriche, se traitèrent presque toujours en ennemies irréconciliables. Il n'en est pas moins vrai que la Réforme, d'une part, et la réaction catholique, d'autre part, furent des occasions de guerres, et qu'elles envenimèrent celles qu'elles n'avaient pas provoquées.

Pas plus que la Réforme n'a été un simple phénomène religieux, la Renaissance n'a été un simple phénomène intellectuel.

10.

Elle aussi, elle a fortifié l'autorité du prince,
en restaurant le culte de l'État antique, qui
se suffisait à lui-même et dont la *lex su-
prema* était l'intérêt. Elle a versé sur l'Europe les mœurs politiques de l'Italie. Ici les
principaux États s'observaient, s'espion-
naient, se faisaient échec, pour maintenir
l'équilibre de leurs forces. Comme la péninsule était ouverte aux nations étrangères,
l'observation s'étendait au dehors. L'Italie
est la terre natale de l'ambassadeur, ce faux
agent de concorde et de paix. L'Europe
assurément aurait trouvé sans maître la
rouerie politique, mais elle profita des
leçons qui lui furent données. Avec ferveur,
elle médita l'évangile selon Machiavel.

Découverte du Nouveau Monde, Réforme,
Renaissance, ont donc fait payer au monde
moderne leurs bienvenues.

Voici une cause de guerre plus précise et
plus directe. La souveraineté n'était pas
une magistrature : c'était une propriété.
Elle s'acquérait par mariage ou par héri-

tage. Il arriva donc que des princes acqui-
rent des pays et même des États entiers
hors de leur lieu d'origine. La maison d'Autriche composa un empire singulier où elle
fit entrer, à côté de ses domaines allemands,
des pays bourguignons, des pays slaves et
hongrois, l'Espagne et une grande partie de
l'Italie. Les rois de France se portèrent héritiers du duché de Milan et du royaume de
Naples. Plus tard, Louis XIV fit valoir ses
droits à la succession d'Espagne et perçut
des avancements d'hoirie avant de mettre la
main sur l'héritage. Des groupes naturels
très différents les uns des autres furent ainsi
enveloppés dans des monarchies factices.
Comme il était resté du passé le souvenir
d'une monarchie universelle, dont le fantôme hantait l'esprit des princes et des politiques, Charles-Quint, Philippe II, Louis XIV
furent accusés d'aspirer à la « monarchie
de l'Europe ».

Des mariages royaux ont disposé de l'avenir du continent. Si jamais noces ont été san-

glantes, ce furent celles de Maximilien d'Autriche avec Marie de Bourgogne et de leur
fils Philippe avec Jeanne d'Espagne; celles
de Louis XIV avec Marie-Thérèse d'Autriche. Derrière le cortège des épousés suivent des millions d'ombres de soldats, tom-
bés sur des centaines de champs de bataille,
ou de malheureux, morts des maux de la
guerre.

La guerre presque perpétuelle acheva,
dans les différents pays, la concentration
politique. Les rois furent obligés de se
procurer des ressources considérables; ils
les cherchèrent dans une administration
mieux ordonnée. Par nécessité, leurs occu-
pations principales furent la politique et la
guerre.

Chaque prince entretient un monde
d'agents politiques, les uns auprès de lui,
les autres répandus dans les cours de l'Europe. Bien mener une intrigue et une
guerre, c'est jeu de princes, où l'on gagne
« la gloire ». Dans la diplomatie, les agents

mercenaires étrangers sont nombreux ; nombreux, les mercenaires étrangers dans les armées. Il y a, par toute l'Europe, un condottierisme diplomatique et militaire. Quelques-uns des condottieri civils arrivent aux plus hautes fonctions : Mazarin et Albe-roni. Des condottieri militaires deviennent les héros de la monarchie qui paye leurs services : le prince Eugène de Savoie et le maréchal de Saxe. Il y a donc un métier politique et un métier militaire ; politiques et soldats mènent le monde et le troublent. On ne fait pas seulement de la politique, on ne combat pas seulement pour assurer son existence et sa sécurité : les princes intriguent parce qu'ils ont une diplomatie et font la guerre parce qu'ils ont des soldats. Dans ces querelles des rois, les peuples n'engagent pas leurs forces vives : ils n'y ont part qu'en souffrant les maux de la guerre, en payant ce qu'elle coûte, en s'enorgueillissant de la gloire du maître, quand le maître a été vainqueur.

Des philosophes et des savants essayèrent d'établir au-dessus de ces conflits, pour les prévenir et pour en diminuer les violences, des principes et des règles de justice. Ils composèrent le droit des gens, ce qui veut dire le droit des nations. Ils condamnèrent toute guerre qui n'avait pas pour motif la réparation d'une offense faite à un droit; ils limitèrent la puissance du vainqueur sur le vaincu; ils enseignèrent que les traités entre États sont inviolables, comme les contrats entre particuliers. Mais il manquait à ce code une sanction aux crimes contre le droit des gens, le juge et l'exécuteur. Toutes ces belles maximes, sans en excepter une seule, furent violées, et avec éclat, par les gouvernements, sans en excepter un seul. Des guerres furent faites sans raison de droit; les vaincus furent traités atrocement; des contrats furent violés sans scrupule.

Une seule maxime générale régla la politique. Il était entendu entre diplomates,

qu'il est de l'intérêt de tous qu'aucun État
ne devienne assez puissant pour opprimer
les autres. C'est la règle de l'équilibre européen : elle est excellente, mais l'application
en a été singulière. Si un État s'agrandit et
détruit ainsi l'équilibre, ses voisins ne récla-
ment pas qu'il renonce au bien nouvelle-
ment acquis : ils exigent une compensation.
La Pologne a été victime du principe de la
compensation. Elle a été dépecée, et ses
morceaux pesés dans une balance. Marie-
Thérèse trouvait l'acte mauvais en lui-même,
mais elle se plaignit que la Prusse et la
Russie se fussent fait la part trop belle.
· Il n'y a donc point de contrepoids à
toutes les causes qui ont eu pour effet commun l'état de guerre continu. Il est rare
que plusieurs années s'écoulent sans guerre
pendant ces trois cents ans : une paix de
quatre ou cinq ans étonne comme une ano-
malie. Les rois s'en vantent comme d'un
sacrifice qu'ils font au « repos de leurs
peuples ».

Il reste à voir quels ont été les résultats de toutes ces luttes? Qui a grandi, qui a été abaissé?

Italie et Allemagne.

Il était dans la logique des choses que l'ère moderne fût dure à l'Allemagne et à l'Italie. Au moyen âge, ni la polyarchie italienne, ni l'anarchie allemande n'était hors de saison; mais, après la constitution d'États centralisés, elles devinrent des anomalies, et elles éprouvèrent qu'il n'est pas toujours bon de ne pas ressembler aux autres.

Elles ont donné au monde la Renaissance et la Réforme, acquérant ainsi la gloire d'exercer sur l'Europe une action intellectuelle, morale et religieuse très forte, et de compter pour beaucoup dans l'histoire générale de la civilisation. Cette gloire, elles la doivent en partie à leur génie, en partie aux causes mêmes de leurs misères politiques. La Renaissance a eu plus d'éner-

gie et de variété parce que l'Italie était
vivace et diverse. La Réforme s'est répandue en Allemagne, parce qu'il ne se trouvait
point, dans ce désordre, une autorité assez
forte pour la contenir, comme en France,
ou pour l'étouffer, comme en Espagne; puis
aussi parce que l'Allemagne était, de tous
les pays chrétiens, celui où l'Église com-
mettait, avec le moins de précautions, les
plus intolérables abus.

C'est ainsi que de grands maux ont produit pour les deux pays des compensations
éclatantes, mais, à leur tour, celles-ci ont
aggravé les maux. La Renaissance rendit
incurables les vices du système italien :
elle fut presque partout la servante des
tyrannies, dont elle développa l'égoïsme.
La Réforme jeta dans l'anarchie allemande
la discorde religieuse.

La décadence de l'Allemagne et de l'Italie
fut profonde.

L'expansion allemande a cessé. Le Nord-
Est européen est colonisé : il n'y a plus

d'appât pour les chercheurs de fortune et d'aventures. Le temps est mauvais pour les Teutoniques et pour la Hanse, qui avaient été, à l'âge précédent, les deux grandes agences d'émigration.

Les ordres chevaleresques étaient atteints dans leur principe même par l'affaiblissement de l'idée chrétienne, car ils étaient une manifestation de cette idée. Les Teutoniques survivants de la croisade étaient isolés dans un temps qui ne la comprenait plus. Ils portaient toujours la croix, mais : « Qu'est-ce donc, dit un jour Luther, que des croisés qui ne font pas de croisades? » A cette question, il n'y avait rien à répondre. Or il est dangereux de ne plus servir à rien. Les Teutoniques, devenus inutiles, disparurent : un Hohenzollern, leur dernier grand maître, sécularisa l'ordre et se fit duc de Prusse.

La Hanse, corporation internationale, fut atteinte grièvement par la formation des États du Nord, dont chacun eut sa marine,

et la découverte du Nouveau Monde l'a-
cheva. La Baltique n'est plus rien en comparaison des grands océans : le silence se
fait dans les rues de Lübeck et de Brême.
D'ailleurs, la Pologne a son regain de forces
au seizième siècle ; au dix-septième, la
Suède devient un État militaire puissant, et
la Russie entre en scène. L'Allemagne
reprend la marche en avant au dix-huitième
siècle ; mais c'est la Prusse qui est conquérante pour son compte propre, et il lui faut
compter avec le copartageant russe.

L'expansion italienne est aussi arrêtée.
Les Turcs, Christophe Colomb et Vasco de
Gama ont tué Venise. Plus encore que la
Baltique, l'Adriatique est déchue.

L'Italie et l'Allemagne, ramenées sur
elles-mêmes, n'étaient pas capables de se
défendre contre l'étranger. Leur faiblesse
fut un danger, non seulement pour elles,
mais pour l'Europe. Après tout, et malgré
toutes ces guerres, il y avait une sorte d'organisme continental. Il fut mauvais pour

tout le monde qu'il s'y trouvât des parties
malades, où vécût et prospérât le germe de
la guerre. La vieille région du sacerdoce et
de l'empire offrait aux entreprises des politiques modernes des gains trop faciles.
L'Italie et l'Allemagne n'avaient ni une tête
ni un cœur qui ressentît les injures : elles
reçurent des injures de toutes parts. Elles
firent profession d'être des champs de
bataille pour l'Europe.

Le champ de bataille italien.
Le roi de Sardaigne.

Italia fara da se, disent les patriotes italiens d'aujourd'hui. Que ferons-nous en
Italie, disaient les potentats de l'Europe moderne? L'Espagne, la France et l'Autriche y
ont joué aux échecs pendant trois cents ans
passés.

Aux quinzième et seizième siècles, les
rois de France revendiquent la succession
des Visconti de Milan et des Angevins de

Naples ; mais il y a eu jadis des Aragon-
nais à Naples, et l'Empire a des droits sur
Milan : Espagne et Autriche jouent contre
France et gagnent la partie. Au dix-septième
siècle, Habsbourg d'Espagne et d'Autriche,
Bourbons de France, se cherchent partout
pour se combattre : ils se rencontrent sur le
sol et dans les mers d'Italie. Puis viennent
les combinaisons préparatoires de la succession d'Espagne, et la succession elle-
même. A qui Milan ? A qui Naples ? Le sort
de la guerre, d'une guerre atroce, décide
pour l'Autriche, en 1715. Pendant le reste
du dix-huitième siècle, l'Italie est à la
disposition de l'Europe. Elle est un lieu
de placement pour les princes disponibles.
Elisabeth Farnèse, femme du Bourbon Philippe V d'Espagne, y pourvoit ses fils d'un
royaume et d'un duché. Après la guerre de
la succession de Pologne, Stanislas Lec-
zinski, beau-père de Louis XV, est sans
asile : la France le pourvoit du duché de
Lorraine, et le duc de Lorraine, François,

gendre de l'empereur, va régner en Toscane.
La politesse faite au beau-père de Louis XV
est rendue au gendre de Charles VI. Les
membra mortua de ce *caput mortuum* sont
distribués à tout venant : en vingt et un
ans, la Sicile change de maître quatre fois ;
Parme, trois fois en dix-sept ans.

Cette misère et cette indignité semblent
le lot définitif de la Péninsule. Pourtant
une nouveauté, que la suite devait faire
très considérable, s'est produite au nord-
ouest de la péninsule italienne. Dans le
perpétuel conflit entre les Habsbourg et
les Bourbons, l'État des ducs de Savoie,
placé sur les deux revers des Alpes, a joué
le rôle double que lui imposait sa situation
géographique : il n'y avait point de prince à
qui l'on pût moins se fier que le duc « por-
tier des Alpes ». Plusieurs fois, il perdit
la Savoie conquise par la France, et il dut
céder à Henri IV : la Bresse, le Bugey, le
Valromey et le pays de Gex. D'autre part,
Genève maintint contre lui son indépen-

dance, et la Confédération suisse se con-
solida. La maison de Savoie chercha fortune
en Italie.

Au Piémont elle ajoute le Montferrat et
une partie du Milanais. Dans toute grande
convention européenne, le duc gagne quelque chose en se faisant payer ses alliances,
qu'il excelle à porter d'un camp à l'autre.
Pendant qu'il est occupé à manger les premières feuilles de « l'artichaut italien », il
laisse voir un appétit étrange pour un
prince si médiocre : il réclame sa part des
successions d'Espagne et d'Autriche. La
guerre de la succession d'Espagne lui
vaut la Sicile ; il l'échange bientôt contre
la Sardaigne , mais il a gardé, de cette
courte possession de la Sicile, le titre
de roi. Le voilà donc entré dans la con-
frérie des souverains ; il est roi de Sardaigne, même roi de Jérusalem. Il porte
vêtement trop long et trop ample pour
sa taille, mais il grandira jusqu'à remplir
le vêtement. Il ne partage en Italie l'hon-

neur du titre royal qu'avec le roi de Naples,
mais la vraie Italie est au nord. Là est le
champ de bataille entre la France et l'Autriche ; là sont les lauriers à cueillir,
les provinces à gagner, et Monza, le sanctuaire où la couronne de fer attend sa tête
royale.

Le champ de bataille allemand.
Prusse et Autriche.

C'est en Allemagne que se livrent les
grands combats entre Bourbons et Habsbourg. La politique française a beau jeu
dans le corps désorganisé de l'Empire. Elle
paye les Électeurs et se flatte parfois
d'acheter la couronne impériale. Elle paye
les princes protestants, ennemis naturels
de la catholique Autriche. Elle paye les
princes catholiques, ennemis, en leur qualité de princes, de la puissance impériale.
On sait tout au juste en France le prix d'un
prince de tel ou tel rang, d'un ministre,

d'un conseiller ou d'une maîtresse : Versailles a le tarif des consciences allemandes.

Au dix-septième siècle, les armées de
l'Europe se donnent carrière entre le Rhin
et la Vistule, les Alpes et les mers du Nord.
Pendant la guerre de Trente ans, des
armées françaises y vont vider la vieille
querelle entre les deux maisons et ruiner
les prétentions des Habsbourg à la monarchie de l'Europe. Des armées espagnoles y
soutiennent la fortune de l'orthodoxie catholique. Des armées danoises et suédoises
y défendent la cause de la Réforme,
mais en même temps elles continuent le
combat pour la Baltique, commencé au
moyen âge ; car toutes ces mains pieuses
de catholiques et de protestants étaient des
mains avides et prenantes. Enfin l'Allemagne, divisée entre les deux partis, com-
pliquait d'une guerre civile les horreurs de
la guerre étrangère. Les maux que ce pays
a soufferts ne se peuvent décrire : la guerre
pendant trente années y a nourri la guerre.

Amis et ennemis ont vécu sur le sol et sur l'habitant, menant bombance après les jours de disette, se payant de l'abstinence par la débauche, de la faim par l'orgie, faisant le mal pour le mal, par habitude, et parce que l'homme, dans les grandes crises, retourne bien vite à ses instincts d'origine, qui sont ceux d'une bête méchante. L'Allemagne se couvrit de ruines de villages et de villes. En plus d'une province, où l'on avait abattu jusqu'aux arbres, reparurent la broussaille, le fauve et l'anthropophage.

Quand les diplomates de l'Europe, après cinq années de cérémonies, eurent enfanté la paix de Westphalie, il se trouva que l'Allemagne fut officiellement ouverte à l'étranger. Le roi de Suède entra en qualité de prince allemand dans la Diète, où siégeait déjà le roi de Danemark. Le roi de France devint membre de la Ligue du Rhin organisée par lui. La souveraineté des princes et des villes de l'Empire fut

reconnue, et l'autorité impériale réduite à
rien. Les hautes puissances contractantes
eurent le droit de maintenir cette anarchie,
car elles étaient garantes de la paix de
Westphalie. Aussi l'Allemagne ne respira-
t-elle pas longtemps après cette terrible
guerre. Bourbons et Habsbourg s'y rencontrent au dix-septième et au dix-huitième
siècle, chaque fois qu'un conflit éclate en
Europe. L'Angleterre y vient conquérir
l'Amérique et l'Inde.

D'où viendrait le remède ? Car ici, comme
en Italie, il y a trop grande misère, indignité trop grande. Les deux États de la
frontière de l'Est étaient capables de prendre l'hégémonie ; aussi se la disputaient-ils,
et leur rivalité aggravait le désordre de
l'Allemagne. D'ailleurs, au dix-huitième
siècle, la Prusse et l'Autriche sont des
puissances européennes bien plutôt qu'allemandes.

Nous les retrouverons tout à l'heure.
Dans la période du moyen âge, nous avons,

au sortir de l'Allemagne, tourné nos regards vers l'Est pour passer ensuite en Occident et nous y arrêter, parce que l'Occident, où naissaient la France, l'Espagne et l'Angleterre, était le principal théâtre de l'histoire européenne. Dans la période moderne, les plus graves événements se passent en Orient. Il convient donc de suivre un autre ordre et de commencer par l'Occident.

La région intermédiaire.

Dans la région intermédiaire, la France a poussé sa fortune. Au Midi, elle s'est agrandie, sous le règne de Henri IV, de petits pays gagnés sur le duc de Savoie. Au centre et au Nord, elle a prélevé le prix de ses victoires sur les Habsbourg des deux branches.

Ici elle eut à combattre, au seizième siècle, Charles-Quint, en sa double qualité d'héritier des ducs de Bourgogne et d'em-

pereur. Empereur, il défendait les droits
de l'Empire en Alsace et en Lorraine ;
héritier des Bourguignons, il était le propriétaire des Pays-Bas et de la Franche-
Comté, et revendiquait la Bourgogne, saisie
par Louis XI. Il ne réussit pas à reprendre
la Bourgogne, quelque obstination qu'il y ait
mise, car il fut aussi entêté Bourguignon que
son rival François Ier fut Visconti obstiné :
ces premiers héros de la politique moderne
avaient l'esprit occupé des idées et des
habitudes de l'âge précédent.

Lorsque Charles-Quint eut abdiqué, les
provinces bourguignonnes, Pays-Bas et
Franche-Comté, passèrent au roi d'Espagne Philippe II, pendant que Ferdi-
nand, le frère de Charles, continuait sur
le trône impérial la série des empereurs
Habsbourg. L'histoire des acquisitions de la
France dans la région intermédiaire se confond alors avec l'histoire de la longue lutte
contre les branches espagnole et allemande
de la maison des Habsbourg.

Sur l'Espagne, Louis XIV conquit la Franche-Comté; mais il ne put détacher des Pays-Bas que l'Artois et quelques villes de Flandre. Sur l'Empire, la France gagna d'abord les trois évêchés de Metz, Toul et Verdun, puis l'Alsace sans Strasbourg, puis Strasbourg. Ce n'est point par pure violence qu'elle a fait ces acquisitions : celle de Metz, Toul et Verdun a été consentie par des princes allemands, qu'Henri II avait soutenus dans leurs révoltes contre Charles-Quint; l'Alsace a été acquise par Richelieu avec l'armée qui s'en était, pour ainsi dire, rendue propriétaire. Il serait malhonnête de justifier tous les procédés de la politique française, mais il est juste de dire que les Français du dix-septième siècle, en prenant l'Alsace, n'ont pas arraché des hommes à une patrie.

Il n'y avait pas alors de patrie française, au sens que nous donnons à ce mot aujourd'hui; encore moins y avait-il une patrie allemande. La politique et les

armes de la France n'ont point taillé dans
la chair vive.

La prise de possession des trois évêchés
et de l'Alsace rendait inévitable l'acquisition
de la Lorraine. Ce pays français fut, au
temps des guerres entre les Bourbons et les
Habsbourg, bien souvent occupé par nos
armes avant de devenir une province française.

Les provinces restées sous la domination des Habsbourg.

Franche-Comté, Alsace, Lorraine, Artois,
Flandre française, telle fut, pendant la période moderne, la part de la France dans la
région intermédiaire : le reste lui échappa.
Mais l'Espagne ne garda point les Pays-
Bas, et ceux-ci ne demeurèrent pas unis.
Malgré la contiguïté géographique, il y
avait de grandes différences, entre ces dix-
sept provinces, les unes maritimes et les
autres continentales, les unes riches et les

autres pauvres, les unes bourgeoises et
les autres féodales, les unes germaniques
et les autres wallonnes. Dans chacune
d'elles et dans chacun des fragments dont
elle se composait, fiefs, communes, corporations, la vie était trop intense pour que
toutes ces âmes particulières s'accommo-
dassent longtemps du système de la monarchie espagnole.

Elles le supportèrent du vivant de l'empereur Charles-Quint. Plus vaste et plus
hétérogène était la monarchie, moins était
à redouter l'oppression d'une volonté absolue. Charles-Quint eut d'ailleurs le grand
mérite de réfléchir en lui les variétés de
son empire. Il parlait toutes les langues et
savait être, selon l'occurrence, empereur,
roi, comte, gentilhomme ou bourgeois.
Mais lorsqu'il détacha les Pays-Bas de l'Empire, pour les donner à son fils, le roi d'Espagne, apparurent les funestes conséquences
de la politique des mariages.

L'union de Maximilien d'Autriche avec

la fille du Bourguignon Charles le Téméraire se comprenait : les États de Bourgogne étaient limitrophes de l'Empire, et
même, pour une bonne part, pays d'Empire. Charles-Quint, propriétaire des Pays-
Bas par le droit héréditaire, en était aussi
le souverain en sa qualité d'empereur. Mais
lorsqu'en vertu du seul droit de propriété,
les Pays-Bas furent attribués à un roi espagnol et italien, violence fut faite aux choses,
qui se défendirent.

La séparation des Pays-Bas.

La résistance politique opposée par les
Pays-Bas au despotisme de Philippe II, qui
violait leurs antiques privilèges, se fortifia de passions religieuses. Les provinces
du Nord s'étaient converties à la Réforme
avec passion et une sorte d'enthousiasme
sombre : leur souverain était le champion,
enthousiaste et sombre du catholicisme.
Elles se rapprochèrent les unes des autres,

12.

pendant la lutte. Elles essayèrent d'abord
de se conformer aux traditions européennes
en se donnant un prince ; puis elles se rési-
gnèrent à n'être que « leurs Hautes Puissances les États des Provinces-Unies ».
Quant aux provinces du Sud, après bien des
révoltes, elles demeurèrent sujettes du roi
d'Espagne. A la fin du seizième siècle, la
séparation était accomplie.

Dès lors la future Hollande et la future
Belgique suivirent leurs destinées distinctes :
celle-ci, émiettée au sud par la France, fut
séparée de la monarchie espagnole et attri-
buée à l'Autriche par les traités qui réglè-
rent la succession d'Espagne. Elle passa
donc de la branche aînée à la branche cadette
des Habsbourg, qui la possédait encore
lorsque la Révolution française éclata.

Les Provinces-Unies.

Les Provinces-Unies devinrent une puissance européenne. Elles eurent des colonies,

une marine admirable, un grand commerce,
une industrie prospère et par conséquent de
l'argent, c'est-à-dire — le mot est vrai surtout au dix-septième siècle — le nerf de la
politique et de la guerre. Leur politique
était conduite par des hommes qui s'exer-
çaient à toutes les finesses de la diplomatie
dans le gouvernement difficile d'une fédération de provinces, dont chacune avait ses
privilèges, et n'était elle-même qu'un agré-
gat d'êtres privilégiés. Ce péril, auquel était
exposé un petit État riche et républicain
parmi des monarchies superbes et famé-
liques, y tenait perpétuellement en éveil
l'esprit politique. Pour la guerre, elles
avaient une aristocratie militaire, à laquelle
la maison d'Orange donnait des chefs. Les
princes d'Orange, apparentés aux familles
souveraines de l'Europe, pouvaient, aux
heures de danger, lorsqu'il fallait surexciter
et réunir les forces nationales, transformer
la république en une monarchie sous la
forme du stathoudérat.

Pour toutes ces raisons, et parce qu'elles étaient jeunes, parce qu'elles avaient la vitalité des êtres multiples qu'elles laissaient vivre en elles, parce que leur énergie était entretenue par des passions provinciales, féodales, municipales, corporatives, par des passions politiques et des passions religieuses, les Provinces-Unies arrachèrent au roi d'Espagne l'aveu de leur indépendance. Elles la défendirent contre Louis XIV, nouèrent contre la France une coalition formidable, aidèrent leur stathouder Guillaume d'Orange à monter sur le trône d'Angleterre et, à la fin, humilièrent le grand roi. Ce fut leur période héroïque : mais un tel effort ne se pouvait soutenir longtemps.

Si par un concours extraordinaire de circonstances, un État prend dans le monde une place mal proportionnée à ses forces réelles, il est ramené aux limites qu'il a dépassées. La Hollande, puissant vaisseau de haut-bord au dix-septième siècle, n'est

plus, au dix-huitième, qu'une « chaloupe à
la remorque de l'Angleterre ».

Les Cantons suisses.

Un autre État républicain se développa
dans la région intermédiaire, pendant la
même période : la ligue des Cantons suisses ;
mais ce corps singulier ne pouvait avoir une
politique européenne comme les Provinces-
Unies. Il n'avait ni la mer, ni le grand
commerce, ni la grande industrie, ni l'argent. En attendant que la Suisse, formée de
fragments de nations, devînt neutre entre
les nations, elle vendait des soldats à qui
les payait. Le roi de France finit par obtenir
la préférence. Les Suisses seront les derniers défenseurs du drapeau fleurdelisé, en
août 1792 et en juillet 1830.

Provinces-Unies et Cantons ligués ont
obtenu l'un et l'autre la reconnaissance de
leur indépendance en 1648 : les premières,
par un traité séparé conclu avec l'Espagne ;

les seconds, par l'acte même de la paix de
Westphalie. Ils ont donc retiré un grand
profit des victoires de la France sur les
Habsbourg. La France avait, d'ailleurs, aidé
les Provinces-Unies dans leur révolte
contre l'Espagne. Certes, ce n'était point là
une politique désintéressée. Quand nos rois
se faisaient les défenseurs des petits et des
faibles, ils n'obéissaient pas à un sentiment
chevaleresque. Il est honorable pour nous
cependant que nos victoires aient eu la
conséquence indirecte de donner au monde
politique deux États nouveaux et libres.

La France.

La France a suivi, pendant la période
moderne, la pente où ses destinées étaient
engagées dès le moyen âge. Nos rois ont
achevé de constituer le territoire national
en acquérant la Bretagne par mariage, le
Roussillon par conquête, le Béarn et la
Navarre à l'avènement de Henri IV. Nous

avons vu leurs progrès dans la région intermédiaire. L'acquisition de la Corse, faite en même temps que celle de la Lorraine, compléta la France d'avant 1789.

Au sein de cette monarchie, les différences provinciales, sans jamais disparaître, s'effacèrent peu à peu. Les privilèges des pays, là où ils n'avaient pas été abolis, devinrent lettres mortes ; de même ceux des féodaux et des communes. Mais ces formes vides, provinces, municipalités, seigneuries, encombraient la France et gênaient la vie. Le pouvoir qui en avait fait des ruines, n'avait point voulu ou point su les déblayer : d'où un grave désordre dans la constitution. Contre la résistance du passé, se sont heurtés les grands ministres, ceux du temps de la pleine gloire et ceux de la dernière heure, Colbert et Turgot. L'ancienne monarchie a brillé en Europe d'un vif éclat. Dans le compte total de la grandeur de la France, elle a mis la majesté de Louis XIV, qui fut une majesté vraie. Mais elle n'a pas trouvé

un système de gouvernement et d'administration qui convînt à un pays unifié. Elle ne
s'est point pourvue de bonnes finances,
ni d'un bon système militaire; elle n'a
donné au pays ni bonne justice, ni bon système économique. Pour dire la vérité toute
nue, elle a su se faire obéir; elle n'a pas su
gouverner.

Dans sa politique extérieure, la royauté
française a eu de grands succès et elle a
commis de grandes fautes. La lutte contre
la maison d'Autriche lui a été imposée.
L'effort pour briser le cercle qui l'enser-
rait était légitime : François Ier, Henri II,
Henri IV, Richelieu, Mazarin ont fait bonne
politique et bonne guerre, et ils ont eu cette
fortune qu'en travaillant à la grandeur de
notre pays, ils ont sauvé l'indépendance
de l'Europe. Mais la monarchie, victorieuse
au milieu du dix-septième siècle, a tout de
suite abusé de sa victoire. La revendication
de la succession d'Espagne, qui nous paraît
aujourd'hui une chimère, était dans l'esprit

de l'ancienne politique, mais elle commandait une prudence et des tempéraments qui ne furent pas observés. L'un après l'autre, ou tous à la fois, les étrangers sont provoqués à la haine de la France. L'Europe ainsi coalisée par nous-mêmes contre nous, surveille chacun des pas et chacune des intentions du roi de France. Le progrès lent et continu qu'il faisait depuis un siècle sur les frontières du Nord et de l'Est est arrêté. La France cesse d'être la puissance directrice qui groupe autour d'elle les forces les plus diverses, mène les événements et les fait naître au besoin. Le dix-septième siècle est aux Bourbons combattant les Habsbourg, le dix-huitième est à des puissances nouvelles.

Il est à jamais regrettable que cette politique se soit enfermée dans les affaires du continent au point de négliger le reste du monde, car le monde était entré dans l'histoire de l'Europe. La France, puissance océanique et méditerranéenne, devait occu-

per une très grande place en Afrique, en
Asie et en Amérique. Elle avait fait les croisades; elle avait eu de bonne heure de
hardis explorateurs ; elle avait Marseille,
Bordeaux, Nantes, le Havre ; de belles populations maritimes, Normands, Bretons, Bas-
ques, Provençaux. On la calomnie quand on
l'accuse d'être incapable de coloniser : notre
histoire coloniale est glorieuse. Nous avons
eu de très beaux commencements d'un
empire français au delà des mers. François Ier, Henri IV, Richelieu, Colbert ont vu
ce que nous pouvions et devions faire ; mais
la politique continentale absorbait toutes
les forces et toutes les pensées.

Abaisser la maison d'Autriche, cela fut
d'abord une nécessité ; cela devint ensuite
un mot d'ordre machinalement transmis.
Les grands succès de nos diplomates et
de nos généraux des seizième et dix-septième siècles excitèrent l'émulation de leurs
successeurs, alors même que l'Autrichien
n'était plus l'ennemi. L'habitude était prise

de combattre aux Pays-Bas, en Allemagne,
en Italie. Il semblait que la gloire ne pût se
rencontrer sur d'autres champs de bataille :
on la voulait gagner sur ce théâtre classique
de la guerre, d'où la nouvelle de la victoire
était portée à Versailles par un courrier
galopant à franc étrier. Ajoutez que le
tiers ordre ne comptait presque point
dans l'État; les marchands ne pouvaient
faire entendre leur voix, comme en Angleterre.

La noblesse française avait cessé d'être
la féodalité pour devenir une brillante
société militaire; mais elle avait gardé, de
son origine féodale, un caractère *terrien*. Ses
chefs ne servaient qu'aux armées. « L'ami-
ral », tant qu'il y en eut un, fut le plus souvent un marin de cour. Versailles enfin,
où s'endormit la monarchie, n'était pas
même baigné par une rivière. Il a fallu des
travaux d'Hercule pour y amener de l'eau
potable.

L'Espagne.

Au début des temps modernes s'achève
la formation de l'Espagne : la monarchie
unique et absolue s'y substitue aux monarchies féodales. Puis, tout à coup, ce pays,
sortant du champ clos où il a si longtemps
combattu l'Infidèle, conquiert les plus belles
parties du Nouveau Monde; en même temps
il est jeté dans toutes les affaires du continent par l'alliance de famille conclue entre
la Castille et l'Autriche.

Pour organiser et peupler ses colonies,
pour conduire une politique qui l'engageait
dans les conflits européens, pour garder ses
annexes italienne, franc-comtoise, fla-
mande, toutes les forces de l'Espagne, entre-
tenues et accrues n'auraient pas suffi. Son
gouvernement la ruina par la pratique d'un
despotisme sombre, solennel, stupide, et
par l'entêtement d'un fanatisme religieux
qui offrit à Dieu en *auto da fe* non seule-

ment des individus par milliers, mais le
commerce, mais l'industrie, mais l'activité
de l'Espagne.

Des Orientaux avaient produit dans ce
pays, pendant le moyen âge, des merveilles
de travail : l'Espagne moderne est envahie
par une somnolence orientale, qui finit en
léthargie. La France, dont elle a été la vail-
lante adversaire, au seizième et au commencement du dix-septième siècle, lui fait payer
les frais de toutes ses guerres et soutient
contre elle tous les révoltés. En 1700, quand
la branche espagnole des Habsbourg s'est
désséchée, Louis XIV donne à l'Espagne un
provin de sa dynastie. Il fallut, pour le fixer
dans le sol, douze années de guerre, qui
achevèrent la ruine.

L'Europe, lorsqu'elle régla l'affaire de la
succession, rendit à l'Espagne le service de
la débarrasser des pays belges et italiens.
Une politique de recueillement et de réparation aurait pu restaurer ce pays, riche en
dons de nature, mais le nouveau roi, venu

13.

de Versailles, était une sorte de moine
paresseux, tourmenté par des rêves d'éro-
tisme et d'ambition. Puis, l'habitude était
prise à l'Escurial de se mêler de politique européenne. Ici encore la tradition
s'impose aux esprits et les égare. L'Espagne
n'eut pas le temps de se refaire. Des aventuriers d'abord, puis des ministres nationaux essayèrent de la ranimer. Ils voulurent
diminuer le nombre des bouches de cour, qui
mangeaient ce qui demeurait de substance;
chasser de l'administration les pillards; ré-
former l'impôt; payer les juges; habiller,
armer, nourrir les soldats; construire des
arsenaux; mettre des vaisseaux dans les
ports, des canons sur les remparts, des
ouvriers dans les fabriques, des laboureurs
dans les champs. Les plus hardis entre-
prirent de reprendre sur l'Église l'intelligence espagnole. Ils eurent des succès mais
médiocres et passagers; ils galvanisèrent le
corps, qui retomba.

L'Angleterre ébrèche l'empire colonial

espagnol, singulier empire, que la métropole ne colonise pas, qu'elle ne veut qu'exploiter, et qu'elle ne sait pas exploiter. Elle
y projette tous les vices de sa vie politique,
sociale et religieuse, son despotisme, qui pré-
vient soigneusement tout essor du commerce
et de l'industrie, ses nobles fainéants et
superbes, ses fonctionnaires inintelligents,
ses moines, sa léthargie.

L'Angleterre.

Point par point, l'histoire de l'Angleterre
s'oppose à celle de l'Espagne.

L'Angleterre, asseoit sa constitution de
pays libre. Elle traverse des crises d'une
violence extrême : la guerre des Deux Roses,
les révolutions religieuses du seizième siècle,
les révolutions religieuses et politiques du
dix-septième. Les sectes y pullulent et les
partis. Sur le continent, un petit pays ainsi
troublé aurait payé ces désordres furieux
de la perte de l'indépendance et de la vie.

La mer fit son office et protégea l'île qui
devait régner sur elle.

Trois passions animaient l'Angleterre :
le loyalisme, la haine du papisme, l'attache-
ment à quelques principes de liberté politique. Les deux premières ont été les plus
vives ; elles ont déterminé l'histoire du pays,
dont elles expliquent les contradictions. Le
loyalisme a fait supporter aux Anglais, à plusieurs reprises, un despotisme que la France
monarchique n'a jamais connu ; il a longtemps protégé Charles Ier ; il a rappelé
Charles II de l'exil ; il a permis à ce prince
et à son frère les plus grandes fautes ; il a
boudé Guillaume III et troublé la sécurité
de la maison de Hanovre. La haine du papisme a suscité Cromwell, tué Charles Ier,
exilé Jacques II.

Du conflit de ces deux passions principales est sortie à la fin la liberté anglaise.
La nation, alors même qu'elle laissait faire
ses princes, gardait à la charte de Jean
sans Terre un souvenir fidèle. Il fut tou-

jours périlleux pour des rois, excepté aux moments aigus des crises, de soustraire un Anglais à ses juges légitimes, plus périlleux encore de lever une taxe non consentie par le Parlement. Lorsque la querelle eut été réglée entre le loyalisme et l'antipapisme, et que des étrangers, un Hollandais et des Hanovriens, devinrent rois d'Angleterre, la passion dominante fut celle de la liberté.

Alors l'Angleterre commence à se gouverner elle-même. Le Parlement fournit au roi un ministère, qui peut à peu près tout sans le roi, mais rien sans le Parlement. Contre son propre gouvernement, le pays se défend par ses droits et libertés. Libertés privées : la personne de l'Anglais, son domicile, sa bourse sont inviolables à toute illégalité. Libertés publiques : l'Anglais a le droit de plainte et de pétition, le droit de réunion, le droit d'association, le droit de parler, le droit d'écrire. Cette magnificence cache des misères et des laideurs : un régime électoral déraisonnable, la corruption scan-

daleuse de l'électeur par le candidat, de l'élu
par le ministère ; la persistance de l'into-
lérance religieuse et de débris étranges du
passé. N'importe ! L'Angleterre est libre ;
elle est, dans le monde, au dix-huitième
siècle, la seule nation libre.

Depuis la mort d'Elisabeth, l'Écosse et
l'Angleterre ont le même roi. L'Irlande a
été réduite à l'état de plaie toujours suppu-
rante : elle est, des laideurs anglaises, la
plus laide. Mais l'union personnelle avec
l'Écosse, qui prépare la fusion des deux
pays, délivre l'Angleterre du voisinage d'un
ennemi possible, et assure la liberté de son
action à l'étranger.

Sa politique a été interrompue et troublée aux seizième et dix-septième siècles, par
les révolutions. Elle a été poussée par des
mobiles divers, par l'orgueilleux souvenir,
gardé sur l'écusson royal, du temps où un
roi anglais régnait sur la France, par l'ambition de parader sur le continent — « Qui
je défends est maître, » disait Henri VIII ; —

par la passion contre le catholicisme person-
nifié en Philippe II ; par l'intérêt commercial. Les Stuarts vendent à Louis XIV la
politique de la couronne, afin d'employer
le prix du marché contre les libertés publiques et la conscience religieuse de leurs
sujets. Mais, dès que l'Angleterre s'appartient, elle se dégage de tous les préjugés,
de toutes les fantaisies et de toutes les fai-
blesses. Elle fait sans scrupule de la politique pratique. Elle se mêle aux affaires du
continent, où elle joue un grand rôle, sans
générosité, puisqu'il est sans péril, et qu'elle
n'y engage point ses forces vives. Elle travaille au maintien de l'équilibre, toujours
contre la France à qui elle interdit de
s'étendre aux Pays-Bas, et qu'elle veut
empêcher de se subordonner l'Espagne. Et
toujours elle fait naître ou saisit les occasions d'accroître son empire colonial.

Sa vocation en effet lui avait été révélée :
la mer enfin avait séduit l'Angleterre. Parmi
les puissances coloniales, elle fut la dernière

à se mettre en mouvement. Elle eut cette
bonne fortune que d'autres avaient occupé
les pays de l'or et des épices. Ses premiers
colons s'établirent sur les côtes de l'Amérique du Nord, sur un sol de labeur. Elle n'eut
pas de raison pour capter les produits de
leur travail, et les laissa travailler à leur
guise. Parmi ces colons, beaucoup allaient
chercher au delà des mers, non le gain, ni
l'aventure, mais la liberté d'adorer Dieu selon
leur conscience. Peu à peu se réunissaient
là les éléments d'un peuple. Il est vrai que
ce peuple finit par réclamer son droit à
l'indépendance; mais ce n'est pas un petit
honneur que d'avoir créé de toutes pièces
une nation comme les États-Unis. L'Angleterre, d'ailleurs, accrut énormément son
commerce avec les pays anglo-saxons, après
qu'ils se furent affranchis, et c'était de quoi
la consoler.

Puis, elle garda le Canada, conquis sur
la France. Elle prit des îles, et se donna des
stations aux bons endroits, dans toutes

les mers. Elle nous enleva l'empire de l'Inde.
Bref, à la veille de la Révolution, avec sa
flotte de guerre, sa flotte marchande, son
immense commerce, l'activité manufactu-
rière qui s'éveille en elle, elle est la grande
nation maritime. Son isolement, la solidité
de sa constitution, ses mœurs la mettant à
l'abri des tremblements du continent, elle
sera la plus redoutable ennemie de la France.

L'Orient. — La Prusse.

Retournons maintenant au nord et à
l'orient de l'Europe. Les plus graves événements s'y sont passés. Parmi les puissances
anciennes, les unes sont déchues; d'autres,
comme l'Autriche et la Prusse, ont grandi.
Une puissance nouvelle très considérable,
la Russie, est entrée en scène.

Les Hohenzollern ont achevé de fabriquer
la Prusse. Électeurs de Brandebourg, ils
héritèrent dans les premières années du
dix-septième siècle de duchés rhénans et

de la Prusse des Teutoniques, transformée
en duché. Un même prince régna dès lors
sur la Vistule, sur l'Elbe et sur le Rhin.
Rien n'était moins nécessaire ni moins naturel, car ces trois pays se connaissaient à
peine; ils n'avaient aucun souvenir commun; ils ne se ressemblaient pas. Mais tous
trois ont été foulés par la guerre au dix-septième siècle. Les duchés rhénans ont été un
terrain de combat pour la France et la
Hollande contre l'Autriche et l'Espagne; le
Brandebourg, pour la Suède contre l'Autriche; en Prusse se sont rencontrés Polonais,
Suédois, Autrichiens et Russes. La nécessité
d'être prêts pour toutes les luttes, puisqu'ils
avaient la certitude d'y être impliqués, a
commandé aux Hohenzollern l'effort perpétuel du combat pour l'existence.

Fondre en un État ces provinces dont
l'histoire et les mœurs étaient si différentes,
employer leurs forces à des fins communes,
relier les uns aux autres les anneaux de
cette chaîne coupée : ce plan, qui s'imposait,

fut suivi. Magdebourg, Halberstadt et Min-
den, acquis en 1648, marquèrent des étapes
sur la route de Berlin au Rhin. La Poméranie, acquise en deux fois, donna un littoral au Brandebourg. Après la conquête de la
Silésie, il eut l'appui de la montagne. Après
la spoliation de la Pologne, le Brandebourg
et la Prusse, ces deux parties essentielles
de l'État, furent soudés ensemble.

Après ces annexions, l'État des Hohenzollern restait un édifice singulier, composé
d'un corps et de deux ailes, dont l'une
s'allongeait, rompue en fragments, jusqu'au
Rhin, et l'autre jusqu'au Niémen ; mais
le gouvernement rassemblait cette force
éparse. Des princes, dont les territoires
étaient des champs de bataille, ne pouvaient
pas ne pas être des autocrates militaires,
exigeant de leurs sujets l'obéissance pas-
sive. *Nicht raisonniren*, ici on ne rai-
sonne pas : telle était leur devise. Il fallait
bien qu'ils fussent économes, et qu'ils mis-
sent en valeur toutes les forces productives.

Et dans cette Allemagne, où les moindres
potentats mettaient leur honneur à enlaidir
les splendeurs et parodier les vices de Versailles, les patriotes regardaient avec orgueil
des princes toujours peinant et qui se van-
taient d'être les premiers serviteurs de leur
État.

D'ailleurs, les Hohenzollern se distinguaient, entre les princes allemands, par
une dignité supérieure. L'Ordre teutonique,
après sa défaite du quinzième siècle, avait
dû se reconnaître vassal du roi de Pologne.
Le duc de Prusse, successeur de l'Ordre, faisait donc hommage à cet étranger ; mais les
Électeurs de Brandebourg, dès qu'ils eurent
hérité du duché, voulurent s'affranchir de
cet humiliant devoir. Une guerre ayant
éclaté entre les rois de Suède et de Pologne,
au lendemain de la paix de Westphalie,
l'Électeur-duc promena sa fidélité de l'un à
l'autre, c'est-à-dire qu'il trahit l'un après
l'autre, pour obtenir de tous les deux la
reconnaissance de sa souveraineté. La guerre

finie, il fut, en effet, un souverain. Il y eut
un coin de la terre, où le Hohenzollern
n'eut au-dessus de sa tête personne, excepté
Dieu.

Dans l'Allemagne d'alors, il ne pouvait y
avoir de roi, puisque l'empereur était, en
théorie, le seul souverain, mais un prince
allemand pouvait être roi d'un pays étranger. L'électeur de Saxe était roi de Pologne;
l'électeur de Brandebourg eut l'ambition
d'être roi de Prusse; il prit la couronne,
en 1700, avec l'agrément de l'empereur.
Quelques années après, un Hanovrien héri-
tait du trône d'Angleterre. C'était peu de
chose que la Prusse en comparaison de
l'Angleterre ou même de la Pologne : les
rois de ces deux pays se considéraient
comme de hauts potentats à côté de leur
frère de Prusse, mais ni l'un ni l'autre
n'était le maître dans son royaume et, chez
tous les deux, la qualité de roi étranger
effaçait presque celle de prince de l'Empire.
La Prusse, bien que réputée terre étrangère,

14.

était allemande; le pouvoir royal y était
absolu; le royaume, précisément parce qu'il
était petit et modeste, n'absorba point les
Hohenzollern. Ceux-ci devinrent princes
européens, mais demeurèrent princes d'Allemagne, et la dignité royale leur donna
plus d'autorité dans l'empire. Pour ces motifs, il firent une affaire moins brillante,
mais meilleure que les électeurs de Hanovre
et de Saxe.

Depuis longtemps, le Brandebourg était
l'adversaire désigné de l'Autriche, à laquelle
il inspirait de l'inquiétude dès le seizième
siècle. Entre eux, la disproportion était
grande, mais le Brandebourg représentait
l'opposition de l'Allemagne du Nord contre
l'Allemagne du Midi, et du protestantisme
contre le catholicisme. Quand l'électeur fut
promu roi, le conflit des deux maisons
devint inévitable. La Prusse, d'ailleurs,
compensait sa faiblesse par la supériorité
de son gouvernement. Le second roi de
Prusse, Frédéric-Guillaume 1er, est tout

petit encore et très humble envers l'empereur, mais ce monarque de 2 500 000 sujets
avait une armée presque égale en nombre à
celle de l'Autriche et meilleure, des finances
en très bon ordre, point de dettes, des éco-
nomies accumulées en trésor.

A cela, Frédéric II ajouta le génie. Frédéric II, roi de Prusse, c'est une intelligence
et une volonté qui manœuvrent une force.
Il a professé le plus large mépris des habitudes, des traditions et des droits ; il a battu
l'empereur plus souvent et plus complète-
ment qu'il ne convenait à un membre de
l'empire ; il a vaincu, lui nouveau venu, de
vieilles monarchies. Il n'a pas seulement
accru son territoire, de la Silésie et des provinces polonaises : il a créé la Prusse
moderne et forcé l'entrée du collège des
grandes puissances. Son œuvre a le caractère, la promptitude, l'importance d'une
révolution. Cet État, qu'il a poussé au premier rang, ne ressemble à aucun autre. Il
est allemand sans l'être. Il est un parvenu,

et pourtant il a de longs souvenirs : les
Hohenzollern sont antiques comme l'empire; le Brandebourg est un électorat depuis
le treizième siècle; la Prusse est le domaine
héroïque des chevaliers allemands du moyen
âge. Cet État est vieux et jeune en même
temps. Il a le choix entre deux destinées,
propre comme il est aux œuvres de réaction
ou aux œuvres de révolution. C'est une
arme à deux tranchants, qui frappera de
l'un et de l'autre, selon l'heure et le lieu,
une arme redoutable.

L'Autriche.

Au moment où nous avons laissé l'Autriche, le domaine de la maison se composait de l'Autriche, de la Styrie, du Tyrol, de
la Carinthie et de Trieste. Partie allemand,
partie slave, partie italien, il formait les
assises de la future tour de Babel, au pied de
laquelle devait éclater de nos jours la con-
fusion des langues.

Quatre causes déterminèrent la destinée moderne des Habsbourg : les mariages qui firent de Charles-Quint l'héritier de la maison de Bourgogne et des couronnes espagnoles ; la fidélité de l'Autriche au catholicisme ; la coutume qui s'établit en Allemagne de toujours donner l'Empire à un Autrichien ; enfin l'acquisition de la Bohème, et de la Hongrie au seizième siècle, et d'une partie de la Pologne, au dix-huitième.

C'est la réunion des héritages autrichien, bourguignon et espagnol qui a mis aux prises les Habsbourg et les Bourbons. C'est parce que l'Autriche a été le champion du catholicisme que la France a trouvé des alliés en Allemagne, et qu'elle a pu, en y portant la guerre, aider les princes à devenir de petits souverains. L'office impérial a donné quelque cohésion au disparate ensemble de la monarchie. Enfin l'acquisition de la Bohème, de la Hongrie et d'une partie de la Pologne a fait de l'Autriche un État

de transition entre l'Europe occidentale
et l'Europe orientale.

Différence essentielle entre la Prusse et l'Autriche.

En acquérant le royaume hongrois, un
royaume slave et un fragment d'un autre
pays slave, le chef de la maison des Habsbourg semblait remplir l'office de la vieille
Marche d'Autriche, élevée jadis pour défendre les frontières de la chrétienté contre les
Slaves du Danube et contre les Avares. Il
avait fait une plus brillante fortune que le
roi de Prusse, successeur de ces margraves
du Nord, institués jadis contre les Slaves
de l'Elbe; mais cette fortune était aussi
moins solide.

Le roi de Prusse règne sur plusieurs pays
qui n'étaient pas allemands d'origine : Brandebourg, Lusace, Silésie, Poméranie, Prusse,
Pologne; mais, à l'exception du dernier,
tous sont devenus allemands. Les vieux

Prussiens sont morts jusqu'au dernier :
de leur langue, il reste quelques mots, objet
de curiosité pour les philologues. Morts, les
Slaves du Brandebourg et de la Poméranie.
Des Slaves survivent en Lusace et en Silésie,
mais noyés dans la population allemande,
objet de curiosité pour les ethnogra-
phes. Le roi de Prusse, électeur de Brandebourg, a pris pour son titre électoral le
nom de *Brannybor*, ville slave, et pour son
titre royal le nom de la Prusse, pays lithua-
nien ; mais ces noms étrangers sont comme
des dépouilles opimes que porte un roi allemand, en souvenir de la victoire de sa race
sur des races ennemies.

Il y a, au contraire, dans la monarchie
autrichienne, une Bohême toute peuplée de
Tchèques, une Hongrie toute peuplée de
Hongrois, une Transylvanie toute peuplée
de Roumains. Les Slaves sont vivants dans
toute l'Illyrie ; vivants, les Italiens dans les
annexes italiennes ; vivants, les Polonais en
Pologne. Quand l'esprit national, à son

éveil, s'insurgera contre les conventions qui ont enfermé en un même corps tant d'âmes diverses, l'Autriche sera singulièrement menacée. Mais, dans la période où nous sommes, ce danger n'était pas sensible : les Habsbourg règnent tranquillement au dix-huitième siècle. La monarchie souffrait d'une certaine lenteur; elle était lourde, et point dans la main, mais elle obéissait.

Remarquons seulement deux faits. L'Autriche s'est laissé prendre la Silésie par le roi de Prusse Frédéric II, et celui-ci a organisé contre elle une coalition de princes allemands, quand elle a voulu revendiquer la Bavière; il lui a interdit tout accroissement en Allemagne. D'autre part, le chef de la maison d'Autriche, devenu roi de Hongrie, avait la mission de refouler l'Infidèle et de lui reprendre le territoire hongrois, que le Turc possédait en grande partie. Il le reprit en effet, et la monarchie des Habsbourg devint alors une grande puissance danubienne. Voilà des présages : route

barrée au nord et à l'ouest, ouverte à
l'est.

La Russie. Retour sur le moyen âge.

Pendant que les deux États germaniques
de l'Est s'avançaient ainsi en terre slave, un
nouvel État oriental achevait de se former :
une grande puissance slave s'organisait.

Nous avons pu jusqu'ici négliger la Russie : elle n'avait presque rien de commun
avec l'Europe, qui finissait aux frontières
de l'Allemagne et de ses annexes. Pendant
tout le moyen âge, son histoire est perdue
dans la confuse histoire de l'Orient européen. Au neuvième siècle, la Russie est
séparée de la Baltique par des populations de race finnoise et lithuanienne.
Entre elle et la Germanie carolingienne, se
trouvent les Slaves de l'Elbe, de l'Oder, de
Bohême, de Moravie, de Lusace, de Pologne.
La communication avec l'Euxin et le Danube
lui est interdite par des tribus asiatiques qui
se succèdent dans ces régions.

Ainsi des remparts de peuples se dressent entre les Russes et l'Elbe et le Danube, qui sont alors les frontières de l'histoire, entre les Russes et la Baltique et l'Euxin, ces deux golfes des deux grandes mers historiques. Il fallait percer ces masses avant d'arriver à l'Europe.

Ce fut l'Europe qui s'avança d'abord vers la Russie.

Des aventuriers venus de Suède, à la fin du neuvième siècle, établirent leur domination sur les Slaves de Novgorod. Ils oublièrent vite leur origine scandinave. Un premier pays russe, dont Novgorod, puis Kief furent les villes principales, se dessina sur la carte dans la grande plaine du Nord-Est.

Par terre s'avança l'Allemagne : les margraves de Brandebourg soumirent les peuples entre l'Elbe et l'Oder. La culture occidentale et le christianisme pénétrèrent en Bohême, en Pologne et en Hongrie. Mais la Russie reçut des Grecs schismatiques son organisation religieuse. C'est Constanti-

nople, qui convertit le grand prince Wladi-
mir, à la fin du neuvième siècle. Dès lors,
il fut décidé que la Russie n'entrerait point,
comme la Pologne et la Bohême, dans le
système de l'Église d'Occident. D'autre part,
comme elle était séparée de Constantinople
par des masses barbares, elle ne se rangea
point, à côté des Slaves des Balkans, dans
la clientèle de l'empire grec. Elle s'annonçait
ainsi comme chose nouvelle et originale.
Mais ce n'était qu'une première lueur incertaine. La Russie se décomposa en principautés et en républiques. Au treizième siècle,
elle tomba presque tout entière sous la domination des Mogols. L'Asie, s'étendant
sur l'Europe, lui prenait la Russie.

L'Europe continue de s'avancer : Scandinaves, Allemands, Polonais renversent la
barrière que formaient les petits peuples de
la Baltique. Les Suédois prennent possession de la Finlande; les Allemands, de la
Livonie et de la Prusse. Voilà les Russes en
contact direct avec l'Occident. Un moment,

toute la côte, depuis le golfe de Finlande
jusqu'à la Poméranie, appartient à l'Ordre
teutonique, dont le grand maître relève du
pape et de l'empereur. Mais, au quinzième
siècle, la Pologne, unie à la Lithuanie, s'in-
terpose entre l'Allemagne et la Russie. Elle
enlève à cette dernière de vastes territoires.
Il semble alors qu'à elle seule doive appar-
tenir l'honneur de représenter en Europe
la race slave par un grand État indépen-
dant.

Cependant la Russie se dégageait de
l'étreinte des Mogols. Au quatorzième siècle,
un État nouveau s'était formé autour de
Moscou redevenue indépendante. En même
temps qu'il se subordonnait des principautés russes, il entamait la Mongolie européenne, dont des fragments devaient vivre
longtemps encore au nord de l'Euxin. Enfin,
lorsque disparut l'empire grec, le tsar se
trouva tout à la fois l'héritier du schisme
grec, et le représentant de la chrétienté
orientale en face des Infidèles ; à ce double

titre, le successeur du César de Byzance. Un immense avenir s'ouvrait devant lui.

La Russie moderne.

Pendant les seizième et dix-septième siècles, le combat entre Allemands, Scandinaves et Polonais dure toujours sur les rivages de la Baltique. Les Russes y interviennent plusieurs fois avec une énergie où se révèle leur volonté de se faire place, mais la Suède est dans toute sa force. Elle fait de la Baltique un lac suédois. La Russie, trouvant la route barrée de ce côté, commence à regagner sur la Lithuanie et sur la Pologne une partie du terrain qu'elle a perdu; mais c'est à l'est et au sud qu'elle fait les plus grands progrès. La conquête des khanats de Khazan et d'Astrakan porte à la Caspienne sa frontière. Si les khans de Crimée interceptent toujours la mer Noire, la suprématie du tsar s'étend sur les Cosaques

15.

du Don, et la conquête de la Sibérie est commencée.

Au dix-huitième siècle grandit le colosse russe sur les ruines de la Suède, de la Pologne et de la Turquie. A la première il prend Livonie, Esthonie, Ingrie et une partie de la Carélie et de la Finlande; à la seconde, les anciennes provinces russes lithuaniennes et une grande partie du territoire polonais; à la troisième, la Crimée et le pays entre le Bug et le Dniester. En même temps il entame la Perse, acquiert la Géorgie, puis le pays des Khirgiz. La Russie a désormais accès à la Baltique et à la mer Noire; elle est rapprochée du cœur de l'Europe et s'étend vers le cœur de l'Asie. Elle est le seul pays du continent qui se puisse accroître indéfiniment dans des contrées barbares. Son empire extra-européen est contigu à l'Europe et se forme par une agrégation successive, aisée, pour ainsi dire fatale, de peuples et de territoires.

L'originalité russe.

A la fin de la période du moyen âge, nous comptions les États dont l'Europe s'était accrue. Dans la période moderne, deux États nouveaux apparaissent : les Provinces-Unies, dont la puissance a été courte, et la Russie pays d'immense avenir ; mais la Russie appartient-elle bien à l'Europe ?

Au neuvième siècle, au temps où l'Europe occidentale, régie par les doctes Carolingiens, délibère dans les conciles et les assemblées sur de hautes matières, les Slaves de la plaine russe, dans leurs villages misérables, sont des barbares, presque des sauvages. Au treizième siècle, alors que la France, dans la plénitude de la civilisation du moyen âge, était gouvernée par le saint, dont la politique avait pour devise qu'il ne faut « à nul tollir son droit », la Russie obéit à la Horde d'Or, dont la capitale est, au bord du Volga, une ville en bois.

A la fin du quinzième siècle, au temps de
la Renaissance, Iwan le Terrible fait couper,
ou coupe, de sa propre main, les têtes de
milliers de victimes, qu'il recommande ensuite aux prières de l'Église. Au dix-septième
siècle encore, les Russes, ces hommes dont
les vêtements et la barbe sont longs et flot-
tants, ces femmes cachées sous des voiles
dans des litières closes, sont-ils les contemporains de Louis XIV? Le tsar Pierre a
supprimé barbes et voiles, mais il n'a pas
changé les âmes; il n'a pas voulu les chan-
ger. Il a introduit dans son empire les ins-
truments d'exploitation administrative, et
les moyens de guerre employés en Europe,
mais il reste le tsar, le seigneur sans limites, le père que l'on tutoie comme Dieu, et
à qui l'on obéit comme à Dieu. Contre son
pouvoir, aucun pouvoir; point de bourgeoisie qui sonne le beffroi et tende des
chaînes au coin des rues; point de corps de
juges qui, chargé d'appliquer la loi, la dé-
fende contre l'arbitraire; point de noblesse

à qui l'orgueil du sang monte parfois à la
tête, et qui préfère la guerre à l'indignité de
l'obéissance servile. En Russie, on est
esclave ou noble, mais on est noble quand
on sert et dans la proportion où l'on sert.
Et dans l'immense pays, un clergé igno-
rant chante des offices dont il ne comprend
pas le sens, et allume les cierges devant les
ikones, que la foule adore le front contre
la terre.

La Russie est entrée dans les affaires de
l'Europe, mais elle n'est pas Europe. Elle
est autre chose : elle est la Russie.

Conclusions sur l'histoire moderne.
Les trois régions.

Au début des temps modernes, l'Angleterre est dans son île ; la France et l'Espagne commencent à se répandre au dehors ;
la Hollande naît et prend place parmi les
États qui comptent ; l'Allemagne et l'Italie
sont en désordre ; les États scandinaves sont

entraînés dans l'histoire générale par le
combat pour la Baltique et par la Réforme;
la Pologne est forte; la Bohême et la Hongrie gardent encore leur indépendance; la
Turquie est en pleine vigueur d'élan. La
Russie n'est pas classée.

Tous ces pays ont été mis en relations les
uns avec les autres, pendant la période moderne, par la politique et la guerre. Il y a
désormais une Europe, dont les individus
se connaissent, savent mutuellement leurs
desseins, s'allient quand leurs intérêts sont
communs, se combattent quand ils s'oppo-
sent.

Pourtant cette Europe est partagée en
trois régions politiques, très différentes:
l'Angleterre, l'Europe occidentale, l'Europe
orientale.

L'Europe occidentale.

L'histoire de l'Europe occidentale a été
dominée par les conséquences de la poli-

tique des mariages. Cette région a été troublée pendant deux siècles, parce que Maximilien, archiduc d'Autriche, ayant épousé
la fille de Charles le Téméraire, duc de
Bourgogne, a marié son fils à Jeanne la
Folle, héritière des Espagnes. L'Espagne et
la France se sont épuisées à combattre,
l'une pour garder les bénéfices de ces alliances, l'autre pour conjurer les dangers qu'elles
lui faisaient courir et rompre les obstacles
qu'elles opposaient à son accroissement.
Tous ces efforts, ces guerres et ces négocia-
tions, où s'illustrèrent de grands princes,
de grands ministres et de grands généraux,
aboutirent, à peu de chose près, au rétablissement du *statu quo ante bellum*. L'Espagne et l'Autriche redevinrent des puissances distinctes; l'Espagne fut renfermée chez
elle; la France demeura ce qu'elle était,
avec quelques additions de territoire; les
Pays-Bas, comme devant, n'appartinrent
ni à l'une ni à l'autre des deux rivales.
Maigre résultat, à coup sûr! Aussi ne faut-il

pas tant admirer ce qu'on appelle dans les cours d'histoire « la grande politique moderne ».

Cette politique s'est déroulée dans un temps rapproché du nôtre. Elle est éclairée par la pleine lumière de l'histoire. Nous en connaissons les acteurs intimement par des informations qu'ils nous ont données sur eux-mêmes ou que d'autres ont écrites pour nous. Presque tous ces personnages ont du charme, et quelques-uns sont grands. Les documents ne sont pas seulement aisés à lire : beaucoup sont des monuments de notre littérature. C'est pourquoi nous grossissons l'importance des épisodes de cette période historique. Lorsque plusieurs centaines d'années se seront écoulées, et que la perspective se sera faite sur ces belles guerres et sur ces beaux traités, l'historien ne fera pas une grande place dans l'histoire générale du monde à ces deux siècles que l'Europe occidentale a si mal employés.

Or, il se trouva qu'après qu'elle eut vidé

ses querelles, l'intérêt de l'histoire était ailleurs : à l'extrême Occident, où l'Angleterre devenait la grande puissance coloniale; à l'Orient, où grandissaient des puissances, anciennes et nouvelles.

L'Europe orientale.

L'organisation de l'Orient est, en somme, le fait capital de la période moderne. L'âge précédent y avait agi par efforts irréguliers et par improvisations brillantes. Il est vrai, des royaumes étaient nés dans cette région : Hongrie, Bohême, Pologne, qui, avec les États scandinaves, nécessairement mêlés aux choses d'Orient par la Baltique, composèrent une série d'êtres nouveaux. Mais la colonisation des côtes avait été désordonnée : les Scandinaves et les Allemands se l'étaient partagée; ceux-ci avaient fondé deux États chevaleresques, qui subsistaient encore, amoindris et caducs, au quinzième siècle. Au Sud-Est, la Turquie complétait l'aspect incohérent et pittoresque de l'Orient à la fin du moyen âge.

A la fin des temps modernes, tous ces États sont en décadence, ou ne sont plus.

La Pologne est morte de son anarchie politique, cyniquement entretenue par ses voisins.

La Bohême et la Hongrie sont des pays de la monarchie autrichienne.

La Suède avait été, au dix-septième siècle, avant la Prusse, un État organisé pour produire une armée; mais les rois surmenèrent le pays et dépensèrent ses forces dans des entreprises trop grandes. L'ambition prussienne fut toujours à objet précis, limité, tangible immédiatement; dès qu'un bénéfice était réalisable, elle le réalisait. Il y a toujours eu de la chimère et de l'aventure, à la façon normande, dans l'ambition suédoise. La Suède a essayé de dominer l'Allemagne, d'arrêter la Russie, de faire de la Baltique un lac suédois; son roi a voulu devenir roi de Pologne : c'était

trop. Charles XII a perdu son armée dans les
steppes russes. Alors, suivant la prédiction
faite à Vienne, au début de la guerre de
Trente ans, le roi de neige fondit.

La Turquie avait débordé sur l'Europe au
seizième siècle, dans la ferveur première de
sa fortune. Ensuite, elle s'était défendue et
maintenue, avec des retours offensifs heureux, grâce à une organisation militaire barbare, mais très puissante. L'organisation
dépérit peu à peu. Quand les janissaires
eurent pris femme et furent devenus pères
de famille, ils cessèrent d'être la milice terrible, et la Turquie s'amollit.

Sur ce fond de déchéances et de ruines
ont grandi la Prusse, la Russie et l'Autriche.
Ces trois puissances militaires se partagent
l'Orient; elles ont mis de l'ordre, à leur façon,
dans le chaos. Par là même, leurs destinées
sont associées dans une certaine mesure. Ensemble, elles ont modifié l'histoire politique
de l'Europe, en ruinant la prépondérance
de la France par la destruction et l'amoin-

drissement des États que notre politique
tenait au bout de ses fils : Suède, Pologne
et Turquie.

Il y a donc une Europe orientale, qui
fait masse contre l'occidentale, mais elle est
divisée contre elle-même. Les ambitions des
cours de l'Est sont contradictoires. Après
la suppression des pays intermédiaires, la
Prusse et l'Autriche confinent à la Russie ;
l'Autriche et la Russie se rapprochent sur
le Danube. A qui seront les dépouilles de la
Turquie? A qui, l'honneur de réveiller les
peuples endormis sous le joug ottoman?
Des trois copartageants de la Pologne,
lequel prévaudra sur les deux autres? Les
rois de Prusse, successeurs des margraves
du Nord, et les empereurs Habsbourg, successeurs des margraves de l'Est, ont fait
affaire avec l'ennemi slave; ils ont reculé la
frontière allemande, mais rapproché la frontière russe. Qui a conclu le meilleur marché,
de la Prusse, de l'Autriche ou de la Russie?
Les trois potentats qui avaient commis cet

épouvantable abus de la force étaient précisément occupés au partage, quand l'ère de
la Révolution française s'ouvrit dans le
monde.

Les mœurs et les idées nouvelles.

L'histoire politique de la période moderne
est donc toute remplie par la guerre. Elle
a certainement de très belles pages. Elle
nous émeut, lorsqu'elle est animée par des
passions religieuses, et que, dans la foule
des tués, se trouvent des martyrs. Elle nous
intéresse, quand elle nous montre soit le
développement d'une nation, comme la
France et l'Angleterre, soit la création d'un
État factice, comme la Prusse. Elle est un
emploi des dons naturels des différents
pays, et une mise en œuvre du génie, de la
discipline et du courage. Mais elle est sans
principes, sans frein d'honnêteté ni d'honneur, sans générosité, sans pitié. Les nations vivent entre elles comme les hommes

16.

à l'état de nature. Le dernier grand acte de
la politique en Europe avant la Révolution
est un assassinat, tranquillement prémé-
dité, exécuté froidement.

La vie intellectuelle et morale des temps
modernes préparait d'autres conceptions à
la politique.

Depuis le quinzième siècle, les mœurs se
sont adoucies et policées. Les hommes et
les châteaux se sont dévêtus de l'appareil
de guerre : le chevalier est devenu un cava-
lier, et le tournoi, un carrousel. Les isolés
d'autrefois, ceux des donjons et ceux des
communes, ont pris le goût de « la société »
et de « la politesse ». L'art, qui était jadis
œuvre de corporation; la philosophie, les
lettres et les sciences, qui étaient choses
d'église et d'école, sont sortis des milieux
privilégiés, pour se répandre librement
dans la société.

La Renaissance a étudié l'homme et la
nature, qu'elle a reconquis sur la foi et
sur le parti pris de ne pas observer. Dans le

commun effort vers la vérité, chaque pays a mis sa marque, mais partout circule un esprit commun, international par définition, l'humanisme.

L'expression de l'esprit du moyen âge avait été la scolastique, c'est-à-dire le raisonnement sur des textes ; celle de l'humanisme fut la raison, c'est-à-dire l'affirmation de la vérité, évidente ou démontrée. La raison ne pouvait point ne pas être révolutionnaire, puisqu'elle niait la tradition et bâtissait sur « table rase ». Elle sembla d'abord toute désintéressée, haute et sereine, mais elle s'abaissa bien vite à regarder la vie, les mœurs et la politique ; les trouvant déraisonnables, elle entra en guerre contre la déraison, et devint la philosophie du dix-huitième siècle.

Cette puissance nouvelle est dangereuse. Tout en se faisant pratique, elle est demeurée absolue; elle est ignorante, ne sachant point la légitimité historique des états de choses; elle ne comprend plus les cathé-

drales et elle enveloppe les origines, c'est-
à-dire les causes, dans un dédain, très léger,
pour la « barbarie gothique ». Elle ne voit
pas les nations et prétend imposer à l'humanité, comme à un être réel, l'unifor-
mité de ses principes et la banalité du
sens commun. Ses erreurs seront expiées
cruellement, mais il ne faut pas oublier les
bienfaits de « la philosophie ».

L'esprit du dix-huitième siècle, en même
temps qu'il agissait dans chacun des pays
de l'Europe, préparait par des voies diverses
des modifications profondes dans les rapports internationaux. Les théories des éco-
nomistes sur l'efficacité, sur la dignité et la
liberté du travail, leur « Laissez faire, laissez passer » étaient l'absolue contradiction
de l'ancienne politique commerciale. L'idée
partout exprimée et qui s'est imposée aux
rois, que la souveraineté est, non pas une
propriété d'où l'on tire des jouissances,
mais une magistrature qui prescrit des
devoirs, rejetait le prince au second plan,

mettait le pays au premier, et devait tôt ou
tard substituer à la politique des souverains
celle des peuples. La philosophie, en prê-
chant la tolérance et en rejetant la religion,
sécularisait la politique. Enfin elle préparait
confusément un avenir de nouveautés par les
idées générales et généreuses d'humanité
et de justice ; par des utopies, comme celle
de l'abbé de Saint-Pierre ; par les préjugés
mêmes contre le passé ; par la haine irré-
fléchie de toutes les coutumes et la coalition
des sarcasmes contre « les traces de la barbarie » ; par l'affirmation que « les choses
ne peuvent durer comme elles sont », et
que les générations prochaines « verront de
belles choses » ; par l'*Adveniat regnum
tuum* adressé à « la lumière ».

A la fin du dix-huitième siècle, notre
pays ne conduit plus la politique générale.
Les deux dernières grandes guerres, celle
de la Succession d'Autriche et celle de Sept
ans, lui ont été funestes : la seconde a porté
atteinte à l'honneur de la monarchie. Sur

terre et sur mer, la France est diminuée; la revanche qu'elle prend sur l'Angleterre par la guerre d'indépendance de l'Amérique ne compense pas les désastres antérieurs. Ma's cette guerre est autre chose qu'une entreprise de représailles. C'est une œuvre de l'esprit nouveau, une très noble action faite avec un enthousiasme sincère. La France est déchue dans l'ancien monde politique, mais c'est elle qui, avec le plus d'énergie, le dénonce et le renie. Elle tient et va sonner la trompette du jugement.

NOTRE SIÈCLE

La destruction de l'Europe.

Jamais pays n'a autant agi sur l'Europe, que la France entre 1789 et 1815. A la poursuite de deux rêves, rêve d'une guerre contre les rois pour les peuples, rêve de la fondation d'un empire à la façon césarienne ou carolingienne, nos armes ont foulé le continent, couchant au passage nombre de hautes herbes, qui depuis ne se sont pas relevées.

Des sous-officiers promus généraux, ducs et rois, un officier devenu empereur étaient des nouveautés, en présence des généraux lords, archiducs ou princes. Ils sortaient tout

armés, non d'une cour, mais des entrailles
mêmes d'un peuple. Généraux et empereur
s'attaquent aux antiquités. Ceux-là jettent
dans le Rhin les mitres des archevêques
électeurs et couvrent de républiques l'Italie, terre classique des tyrannies. L'empereur détruit à la journée d'Austerlitz le
saint-empire romain de la nation germanique. Quelques années après, « attendu »
que le pape use mal du pouvoir temporel que
lui a conféré Charlemagne, son « glorieux
prédécesseur », Napoléon le lui reprend par
un décret.

L'empereur couvre la Révolution d'un
manteau archéologique. Les souvenirs de
Rome hantent sa mémoire, plus encore
ceux de Charlemagne, dont il a souvent
prononcé le nom. Jusqu'à lui se pro-
longent, pour se mêler à sa gloire et pour
égarer son esprit, les dernières lueurs du
passé ; mais la Révolution est en lui. Il
la sert, quand il débrouille le chaos allemand, quand il fait de l'Italie du Nord un

royaume, quand il emprisonne le pape après s'être fait sacrer par lui à Notre-Dame, quand il essaye d'arracher la Pologne aux aigles copartageantes. Il la sert encore, malgré lui et contre lui, quand, opprimant l'Europe pour satisfaire sa fantaisie, il éveille l'âme du peuple espagnol et celle du peuple allemand. Il est si bien la Révolution et le destructeur de l'ancien régime, que sa chute est suivie d'un retour offensif de la vieille Europe. Le grand despote est salué dans sa captivité de Sainte-Hélène, il est vénéré, après sa mort, comme un libérateur, parce qu'il a fait trembler le pape, l'empereur et le tzar.

La Restauration de l'Europe.

Les vieilles monarchies, victorieuses en 1815, raccommodèrent, aussi bien qu'elles purent, l'Europe que la France avait brisée. L'Orient fut rétabli à peu près en l'état où l'avait laissé le dix-huitième siècle. Le

grand-duché de Varsovie, essai de reconstitution de la Pologne, disparut. La Russie
et l'Autriche demeurèrent les avant-gardes
de l'Europe, devant la Turquie reculant
toujours. L'Italie fut de nouveau partagée
entre des princes, dominés par l'Autriche,
qui sembla reprendre les vieux droits impériaux sur la Péninsule. L'Espagne retrouva
sa pauvre dynastie. L'Angleterre, qui avait
dirigé de haut une coalition permanente
contre la France, fut plus que jamais la
souveraine incontestée des mers. L'œuvre
de la Révolution paraissait anéantie.

Cependant la restauration n'avait pas été
complète. L'Autriche n'avait pas recouvré
la Belgique : ce pays fut rattaché à la Hollande, afin que le royaume des Pays-Bas
pesât fortement sur la frontière de France.
L'Allemagne ne put être rendue à ses trois
cents princes ; le plus grand nombre de
ceux que la Révolution et l'Empire avaient
écrasés demeurèrent sous les ruines. Elle
n'était avant la Révolution ni un État

monarchique, ni un État féodal, ni un État
fédératif : elle devint une confédération de
trente-neuf membres. Cette confédération
avait en elle des germes de mort : les
princes seuls y comptaient. Ils étaient fort
inégaux en puissance. La Prusse agrandie
et chargée de la garde du Rhin contre la
France, était plus que jamais la rivale de
l'Autriche, à qui ses vieux titres de gloire
et de prééminence avaient fait donner la
présidence de la diète siégeant à Francfort.
Mais, si mal constituée qu'elle fût, l'Allemagne était simplifiée. Elle se sentit rapprochée du grand objet de l'ambition de
ses patriotes : devenir une nation.

Ainsi l'ancien régime n'avait pu reprendre
possession de toute l'Europe. Les traités
de 1815 avaient accepté des faits accomplis.
Quelle que fût leur œuvre, les princes la
trouvèrent bonne, *viderunt quod esset
bonum*. Comme le Créateur, ils voulurent se reposer après avoir constitué gar-
dienne de l'Europe reconstituée, la Sainte

Alliance. Mais des idées avaient été répandues dans le monde, qui engendrèrent des révolutions nouvelles.

Le patriotisme révolutionnaire.

Si l'on excepte l'Angleterre, pays de transformations continues et lentes, où le présent n'est point séparé du passé par des frontières visibles, l'Europe s'est transformée depuis la Révolution. Avant 1789, elle n'avait pas de vraies nations. Elle en est pleine aujourd'hui.

En France, le loyalisme de la noblesse, sentiment très noble, l'amour du peuple envers le roi, sentiment très touchant, tenaient lieu de patriotisme. Quand notre pays se détacha de la royauté par la faute des rois, ce fut pour s'élever tout d'un coup à l'idée de l'humanité ; car nos écrivains du dix-huitième siècle ont retrouvé l'humanité, perdue depuis le temps de Platon, de Sénèque et de Marc-Aurèle, ou, du moins, remplacée, au moyen âge, par l'idée ecclésiastique de la chrétienté, plus tard par l'idée politique de l'Europe.

La Révolution a créé la patrie, comme nous la sentons aujourd'hui.

Les révolutionnaires avaient beau être les disciples des philosophes, se guider par des principes généraux et faire des lois de raison pure : ils ont été des patriotes français. Au royaume de France ils ont substitué la nation française, c'est-à-dire, une personne morale à une expression politique.

Ils ont déclaré sacré et indivisible le sol national, traité l'émigration comme un crime, l'invasion comme un sacrilège, proclamé, avec un enthousiasme tragique et la déclamation du tocsin, le devoir de tous envers la patrie en danger.

Le principe des nationalités.

Cependant la nation française, en prenant conscience d'elle-même, ne put se

17.

soustraire aux effets de son éducation philosophique. Dans ce code de principes, qui
est la *Déclaration des droits de l'homme*,
elle n'a point légiféré pour elle seule. « Le
principe de toute souveraineté réside dans
la nation », dit *la Déclaration*. D'où il suit
que les nations, êtres collectifs composés
d'hommes qui veulent vivre sous les mêmes
lois, ne doivent être ni gouvernées par des
Étrangers, ni incorporées en tout ou partie
à des États étrangers : elles sont indépen-
dantes et indivisibles. De plus, elles sont
libres : « La loi est l'expression de la volonté générale. Tous les citoyens ont droit
de concourir personnellement ou par leurs
mandataires à sa formation. »

La nation ainsi définie fait un contraste
absolu avec les États d'autrefois, qui grou-
paient, sans les réunir, des nations ou des
fragments de nations diverses, dont aucune
ne faisait sa loi.

Ces deux maximes de la *Déclaration* ont
conduit en partie l'histoire de notre siècle.

Au seizième siècle, au dix-septième siècle encore, il y avait des partis religieux internationaux ; en ce siècle-ci, ce sont les partis politiques, les passions politiques, qui chevauchent par-dessus les frontières. La Sainte Alliance des souverains était une « internationale ». Elle se proposait de conserver l'œuvre de réaction faite à Vienne contre le principe de la nationalité consentie et celui de la liberté politique. Dans chacun des pays de l'Europe, elle a eu sa clientèle, mais aussi ses adversaires, les « nationaux » et les « libéraux ».

La lutte entre les deux camps a été dirigée par la France.

La France a vécu, depuis la Révolution, dans l'incertitude politique. Ses ennemis et nous-mêmes, nous lui reprochons le nombre de ses constitutions et ses révolutions périodiques. Cependant, qu'elle mette plus d'un siècle à s'établir dans le régime nouveau, ce n'est point matière à si grand étonnement : la révolution d'Angleterre, à

la bien comprendre, a duré plus longtemps.
Mais, à travers toutes ces fluctuations, la
France a eu des idées fixes. Infidèle une fois
à la cause de la liberté politique, dont les
mœurs ne s'apprennent pas en cinquante années, elle est en progression démocratique
continue. D'autre part, elle a défendu envers et contre tous, même contre ses propres intérêts, le principe des nationalités.
C'est pourquoi elle a été pendant la plus
grande partie de ce siècle un moteur. Ses
libéraux ont donné le ton aux libéraux
d'Europe ; ses révolutions ont troublé tout
le continent. 1830 et 1848 ont mis en
audace libéraux et nationaux de tous pays ;
1851 n'a point découragé les seconds. Après
1870, la France représente plus que jamais
les principes de liberté et de nationalité.

Les nations nouvelles.

Considérons maintenant combien le principe des nationalités avait d'obstacles à

vaincre en 1815. La Belgique avait été
réunie contre son gré à la Hollande. L'at-
tribution du Holstein au roi de Danemark mettait des Allemands sous le gouvernement d'un Danois. L'Allemagne et
l'Italie étaient partagées en États souverains
adversaires de toute constitution nationale ; de plus, l'Italie avait une des plus
belles parties de son territoire sous le joug
autrichien. La Pologne était découpée entre
trois États ; la Bohême et la Hongrie de-
meuraient incorporées, sans droits, à la
monarchie autrichienne ; sur le Danube et
dans la péninsule des Balkans, diverses nationalités étaient gouvernées par le sultan.
Contre le principe nouveau étaient donc
coalisées les puissances les plus redoutables.

Cependant il a prévalu en beaucoup de
points. L'Europe de 1890 ne ressemble plus
à celle de 1815.

La Grèce, la première, a recouvré une vie
nationale, et la Belgique a été détachée de
la Hollande.

Les pays allemands ont été repris au roi de Danemark.

La Hongrie s'est assuré dans la monarchie autrichienne une constitution particulière.

L'Allemagne et l'Italie, ces victimes du sacerdoce et de l'empire, se sont faites nations, et, par un retour fatal des choses, l'une a enfermé le pape dans le Vatican, l'autre a rejeté hors de son sein le successeur des empereurs.

Quelques satisfactions ont été données au sentiment national des pays slaves de la monarchie autrichienne.

Enfin, de la Turquie démembrée sont sortis, pour vivre à l'état de nation, la Roumanie, la Serbie, le Monténégro. La Bulgarie et la Roumélie ne reconnaissent plus que par un tribut la suzeraineté du sultan ; elles font aujourd'hui le stage de leur indépendance.

Il y a de très belles pages dans l'histoire de ces révolutions. A la révolution hellé-

nique ont contribué des sentiments poéti-
ques : l'admiration pour les héros de la
guerre d'indépendance, et la reconnaissance
des hommes envers un pays qui a tant honoré l'humanité. La révolution belge est une
double application du principe des nationalités : les Belges ont commencé par se
détacher d'un État sous les lois duquel ils
ne voulaient point vivre ; ensuite, en dépit
des affinités de race et de langage qui les
attiraient vers la France, ils se sont donné
une vie nationale particulière.

Les nationalités slaves ont retrouvé leur
âme avant de revendiquer leur droit à
l'existence. Les chants de leurs vieux
poètes, les récits de leurs historiens, les
légendes de leur passé lointain les ont
révélées à elles-mêmes, si bien que leurs
écrivains patriotes, grammairiens ou historiens, peuvent être considérés, chose nouvelle en ce monde, comme des fondateurs
d'États.

Voici donc la grande originalité de notre

siècle. Un principe, — non plus une convenance princière, un mariage, un testament, l'ambition de vaincre et de conquérir, — a provoqué plusieurs guerres, dont la conséquence a été, non pas des acquisitions territoriales ou des destructions de peuples, mais la reconstitution de nations anciennes ou la création de nations nouvelles.

Le principe des nationalités a donc célébré des victoires, mais les plus rudes combats restent à livrer. Des raisons diverses en empêcheront le triomphe complet et définitif.

Imperfection de l'œuvre. — Incertitude de définition.

D'abord, la cause est obscurcie par une incertitude de définition. Pour nous, Français, une nationalité est une œuvre de l'histoire, ratifiée par la volonté des hommes ; les éléments dont elle se compose peuvent être très différents par leurs origines : le point de départ importe peu ; le point d'arrivée, seul, est essentiel.

La nationalité suisse est la plus accomplie de toutes : elle comprend trois familles de peuples, dont chacune parle sa langue. Comme le territoire suisse est, en outre, prélevé sur trois régions géographiques, déterminées par de hautes montagnes, la Suisse, qui a vaincu la fatalité de nature sous les deux espèces ethnographique et géographique, est un phénomène unique et admirable. Mais elle est une confédération, et, depuis longtemps, un pays neutre. Sa constitution n'a pas été mise à la grande épreuve du fer et du feu.

La France, avec des races diverses, celtique, germanique, romaine, basque, a composé l'être politique qui ressemble le plus à une personne morale. Les Bretons et les Alsaciens qui n'entendent pas tous la langue de son gouvernement n'ont pas été, dans les jours d'épreuve, les moins dévoués de ses enfants. Parmi les grandes nations, elle est, par excellence, la nation.

Ailleurs, la nationalité se confond ou tend à se confondre avec la race, chose de nature, et, par conséquent, sans mérite.

Tous les pays qui n'ont pas su faire avec les races une nation, sont plus ou moins troublés dans leur existence. La Prusse n'a pas su nationaliser (il faut bien employer ce mot) ses Polonais : elle a, pour ne parler en ce moment que de celle-ci, une question polonaise. L'Angleterre a une question irlandaise. La Turquie et l'Autriche ont un choix de questions. Les peuples de l'empire autrichien demandent à l'empereur d'être allemand, hongrois, tchèque, croate, voire même italien. Ils ne s'insurgent pas contre lui : chacun d'eux lui offre, au contraire, une couronne, mais le temps est passé où une seule tête pouvait porter plusieurs couronnes : toute couronne aujourd'hui est lourde.

Ces revendications des races ne sont pas

seulement une cause de troubles intérieurs ;
les agitations qu'elles provoquent peuvent
amener de grandes guerres. Personne appa-
remment ne s'interposera jamais entre l'Irlande et l'Angleterre, mais, dès qu'il s'agit
de querelles d'Allemands et de Slaves, interviennent les deux forces opposées du pangermanisme et du panslavisme, produits
redoutables et conséquences dernières du
patriotisme ethnographique.

Pangermanisme et panslavisme ne sont
point des forces officielles, avouées et orga-
nisées. L'empereur d'Allemagne et le tsar
peuvent se défendre en conscience d'être,
le premier, pangermaniste, et le second,
panslaviste. Allemands et Slaves d'Autriche,
Slaves balkaniques, peuvent, de leur côté,
vouloir rester Autrichiens ou indépendants,
comme ils sont aujourd'hui. Il n'en est
pas moins vrai qu'il y a, en Europe, une
vieille querelle entre deux grandes races,
que chacune de celles-ci est représentée
par un empire puissant, et que ces empires

ne pourront se désintéresser toujours des
querelles des deux races.

Conséquences de l'application du principe en Italie.

La principale application du principe des
nationalités a été la formation des nations
italienne et allemande. L'existence au centre
du continent de deux proies à toute convoitise avait été une cause permanente de
guerre, pendant les siècles derniers. La
substitution de deux États considérables à
l'anarchie allemande et à la polyarchie italienne est-elle une garantie de paix pour
l'avenir?

Distinguons entre l'Allemagne et l'Italie.
La révolution nationale s'est faite de façon
très différente dans les deux pays.

L'unité italienne est presque achevée, car
le nombre des Italiens demeurés en dehors
n'est pas considérable. D'autre part, il n'y a
dans le nouveau royaume que des Italiens.

L'unité a été faite au profit d'un prince, le roi
de Piémont, qui avait certainement des
titres à cet honneur; de plus, il n'était pas
assez puissant pour que l'unification res-
semblât à une conquête de la Péninsule par
les Piémontais. Après que les habitants
des principautés diverses eurent manifesté
leur volonté de s'unir, le Piémont disparut
dans la nation : Victor-Emmanuel cessa
d'être un roi particulier en devenant roi
d'Italie. Enfin la nationalité italienne a
pris place dans le monde sans que le principe des nationalités fût violé. La France
a obtenu, en compensation des sacrifices
qu'elle avait faits, la Savoie et le comté de
Nice, mais le souverain de ces pays, qui
nous les a cédés, n'avait pas été vaincu par
nous : il avait été vainqueur avec nous et
grâce à nous. Enfin les habitants de la
Savoie et du comté de Nice ont consenti
formellement à devenir des Français. Le
droit nouveau a donc été appliqué ici dans
toute sa teneur; mais considérons les effets.

18.

L'Italie en devenant grande puissance, a
voulu se donner l'armée, la flotte et la politique d'une grande puissance. La sagesse
commandait peut-être à cette nation nouvelle de goûter tranquillement, après la joie
de se sentir née, la joie de se sentir croître.
Mais elle n'avait pas la complète possession
d'elle-même. Elle n'était point tout à fait
chez elle comme les autres nations. Entre
les Alpes et les pointes de Sicile, tout le sol
n'est pas italien. Au centre est un palais
entouré d'un jardin : c'est le domaine de
saint Pierre.

Ici n'entre pas le roi d'Italie.

L'apôtre Pierre est une victime du principe des nationalités, qu'il ne reconnaît pas,
car les nations ne sont pour lui que des
provinces de l'Église. Il réclame donc son
bien, qu'il tient du roi Pépin, et que lui a
confirmé Charlemagne en déposant sur son
tombeau « la page de donation ». Onze
siècles se sont écoulés depuis, mais onze
siècles ne comptent pas dans l'immutabilité

de l'Église. Au cours des âges, le domaine
de Pierre a été souvent assailli, mais jamais
sans que l'assaillant n'ait eu lieu de se repen-
tir. Le connétable de Bourbon a été tué au
pied des murs. Personne, n'est tombé, en
1870, à l'assaut de la Porta-Pia, mais le châ-
timent ne punit pas toujours « le crime »
immédiatement. Le roi des Lombards, au
huitième siècle, et Napoléon Ier, au dix-
neuvième, l'ont attendu quelques années.

Le pape, enfermé au Vatican, a conservé
la large vue sur le monde; même, depuis
le moyen âge, son horizon s'est étendu. Sur
le globe entier, il y a des catholiques; dans
plusieurs pays de l'Europe, ils forment un
parti, avec lequel les gouvernements, si
forts qu'ils soient, sont obligés de compter.
L'empereur d'Allemagne est bien puissant,
mais c'était chose au-dessus de sa puissance
que de refuser ses hommages au pape,
quand il est allé visiter le roi d'Italie.
L'empereur d'Autriche se dit le bon frère et
spécial ami d'Humbert Ier, mais il ne va pas

le visiter à Rome, par crainte du sacrilège.

Cependant l'apôtre ne cesse de récriminer et de se lamenter. La plainte de l'immortel vieillard sonne comme un glas sans trêve au-dessus de Rome capitale. Elle inquiète et elle irrite roi et ministres. A quoi sert-il d'être à Rome, pour qu'il y ait encore une question romaine? De temps en temps, on craint ou l'on feint de craindre que les Francs sont capables de descendre des monts, une fois encore, pour chasser les Lombards.

L'Italie a donc cherché, là où elle a cru la trouver, une assurance contre toute intervention en faveur du Saint-Siège. Cette précaution, elle avait le droit de la prendre, mais toute alliance coûte : celles que l'Italie a contractées sont fort chères. Puis il paraît bien qu'après avoir été guidée par le souci de sa défense, elle a été égarée par des rêves. Il est bien difficile de ne pas rêver un peu du haut du Capitole. Les vainqueurs qui montaient là en triomphe appelaient la Méditerranée *mare nostrum*.

Parmi les dépouilles qu'ils ont présentées à Jupiter, se sont trouvées, un jour, celles de Carthage.

A la question romaine, l'Italie a donc ajouté celle de la Méditerranée. On n'a guère vu jusqu'à présent de questions de cette sorte qui se soient résolues pacifiquement.

Conséquences de l'application du principe en Allemagne.

L'unification de l'Allemagne diffère du tout au tout de celle de l'Italie. Elle n'est pas achevée : plusieurs millions d'Allemands ont été exclus de leur patrie par le traité de Prague, qui a mis l'Autriche hors du nouvel État. L'Allemagne nouvelle ne contient point que des Allemands : la Prusse y a fait entrer, en 1866, sa part de Pologne et un pays danois ; en 1870, des provinces françaises. L'unification a laissé subsister la parodie d'une confédération. Elle a été faite par celui des princes alle-

mands qui avait le plus de titres à cet
honneur ; mais le roi de Prusse avait acquis depuis un siècle et demi le rang et la
puissance d'un prince européen. Il était le
successeur de politiques et de conquérants
qui, tous, avaient ajouté au domaine de la
maison un certain nombre de milles carrés.
L'unification de l'Allemagne a donc pris le
caractère d'une conquête de l'Allemagne
par la Prusse. De fait, c'est en vertu du droit
de conquête, officiellement invoqué, que
le Schleswig-Holstein, le Hanovre, Francfort et la Hesse-Cassel ont été réunis à la
Prusse. La constitution de 1866 a été rédi-
gée par un vainqueur pour des vaincus ;
elle a été complétée en 1870, mais le roi de
Prusse, proclamé empereur à Versailles, est
demeuré roi de Prusse. Cette Prusse agrandie pèse de tout son poids sur l'Allemagne,
imposant au *Reich* entier son esprit particulier d'État militaire.

Enfin, l'Allemagne victorieuse a fait a
la France une blessure inoubliable.

La question d'Alsace.

Ce n'est pas au terme d'une histoire de
trente siècles, après s'être efforcé de discerner les plus grands faits de cette histoire,
qu'on peut être tenté de grossir un événement ou de le mal interpréter, parce qu'il
vous a touché au cœur. Certes nous savons
les griefs que la politique française a donnés
depuis si longtemps à l'Allemagne. Un historien français doit reconnaître que ce pays
avait absolument le droit de se donner les
institutions les plus propres à le protéger
contre nous. Mais l'unification et la ven-
geance se sont accomplies ensemble de telle
sorte, que la paix du monde est pour longtemps menacée.

Il est difficile de faire comprendre à des
Étrangers pourquoi la France ne peut se
résigner à la perte de ses provinces :
« C'est la loi de la guerre », disent les Allemands. Ce langage n'aurait surpris per-

sonne au siècle dernier ; aujourd'hui encore,
il semble naturel aux politiciens de l'ancien
régime. Mais la France, en ce siècle-ci,
représente une autre politique.

Entre toutes les nations du monde, elle
est rationaliste et sensible. Elle professe
qu'il n'est pas permis de traiter une population d'hommes comme un troupeau de bêtes.
Elle croit à l'existence des âmes de peuples.
Elle a compati douloureusement aux souf-
frances des victimes de la force. Elle a pleuré
sur Athènes, sur Varsovie et sur Venise, et
n'a point donné que ses larmes aux « oppri-
més ». Si nous avons aidé les Provinces-Unies
à s'affranchir au dix-septième siècle, ce n'a
été que par un heureux effet de la politique
de nos rois ; mais c'est par un effet voulu
de nos sentiments nouveaux que nous
avons délivré, en donnant notre sang, les
États-Unis, la Grèce, la Belgique et l'Italie.

La paix de Francfort ne nous a pas laissé
seulement l'humiliation de la défaite.

Elle n'a pas seulement ouvert notre fron-

tière, et mis notre pays dans un état d'insé-
curité intolérable. En nous prenant des
âmes qui étaient et voulaient rester nôtres,
le vainqueur nous a blessés dans notre foi.
Il ne s'est pas même réclamé du patriotisme ethnographique. Il ne pouvait réclamer l'Alsace comme allemande, puisqu'il
prenait Metz, et qu'il détient le Schleswig
et les pays polonais. Il a simplement usé
du vieux droit de la force. Voilà qui détermine le caractère de la question d'Alsace.
Elle met en présence deux états de civilisation, et nous avons, dans la défaite, un
honneur singulier : le redressement du tort
qui nous a été fait serait une satisfaction
donnée à la raison et aux sentiments les
plus généreux de notre temps.

Les guerres de conquêtes.

L'avènement du principe des nationalités
n'a donc pas eu pour effet de détruire les

mœurs politiques antérieures. Il y a eu
encore dans notre siècle des guerres de
conquête et des recherches d'agrandissement territorial.

Comme la Prusse, l'Autriche et la Russie
sont conquérantes.

L'Autriche descend le Danube et tend
vers Andrinople. C'est la direction qui lui
avait été indiquée, il y a plus de mille
ans, par le fondateur de la « Marche de
l'Est ».

La maison des Habsbourg avait oublié
cette mission primitive, après que la politique des mariages l'eut égarée dans toutes les
affaires de l'Europe occidentale. L'Italie et
l'Allemagne la lui ont rappelée, l'une en la
rejetant au delà des Alpes, l'autre en lui
retirant la qualité d'État allemand. L'Autriche est aujourd'hui, par excellence, un
État danubien. Elle a occupé la Bosnie et
l'Herzégovine. Elle cherche à étendre son
autorité politique, son influence, comme
on dit, sur les petits États balkaniques.

Mais elle rencontre ici un grand adversaire.

La Russie a poursuivi, en ce siècle, ses progrès au détriment de l'Empire turc. Elle emploie contre cet État tout à la fois la force et le sentiment. C'est de Constantinople qu'elle a reçu jadis le christianisme : il lui appartient donc de reprendre à l'Islam la coupole de Sainte-Sophie. Elle est le grand frère slave, et elle doit son appui aux petits frères, sujets du sultan. La religion et le patriotisme ethnographique se mêlent ainsi à la politique, et donnent à la Russie une puissance d'action sans égale dans le monde. Mais cette puissance est contenue par des rivales : la route de Pétersbourg vers le Sud est coupée par la route de Vienne vers l'Est. Enfin la question des Dardanelles est européenne et même universelle. Elle intéresse l'équilibre des forces des deux plus grandes dominations qu'il y ait dans le monde, celle de l'Angleterre et celle de la Russie.

L'expansion de l'Europe.

L'Europe dans la période contemporaine
a continué de se répandre sur le monde.
Elle en achève aujourd'hui l'occupation.
Elle n'a plus rien à prendre sur l'Amérique,
mais elle s'est rejetée sur le continent noir
et sur l'Asie. En Afrique, les puissances
nouvelles, Allemagne et Italie, cherchent
cette place hors d'Europe, qui semble le
complément naturel de toute puissance
comptée. Point de grand État, si les ministres et les journaux ne peuvent dire « notre
empire colonial. » Les vieilles puissances,
Angleterre et France, s'étendent au plus
vite : celle-ci par le nord et par l'ouest;
celle-là par le sud et par l'est. En Asie, la
France a prélevé sa part, mais l'Asie est
aujourd'hui chinoise, anglaise et russe. Ici
le glacier russe glisse toujours.

Depuis 1815, les mers ni les continents
lointains n'ont entendu de canonnades

entre Européens. En ce moment, la prise de possession du monde semble s'achever en paix. Des commissions diplomatiques procèdent à l'amiable à des démarcations. Elles tracent de grandes lignes sur le papier docile. Même, un état international, chose nouvelle, a été créé. D'un commun accord, les chrétiens s'entendent contre le marchand d'esclaves comme autrefois contre l'infidèle. Tout à la paix ; tout pour la civilisation. Mais il y a quelques années, le monde a failli voir le duel « de la baleine et de l'ours blanc », parce que les progrès de la Russie vers la frontière indienne inquiétaient l'Angleterre. L'occupation d'îlots sans importance a pensé mettre aux prises l'Allemagne et l'Espagne. Il y a conflit, aujourd'hui même, entre l'Angleterre et le Portugal, pour une baie de l'Afrique orientale. Ce qui arrivera, lorsque tous les territoires disponibles seront occupés, et que les États européens se retrouveront voisins les uns des autres dans les diverses parties du monde,

19.

il n'est pas malaisé de le deviner, quand on
sait comment ils pratiquent depuis des
siècles sur leur continent les relations de
voisinage.

Ici encore, comme partout, nous trouvons
une réserve de guerres.

Notre siècle a-t-il donc menti aux pro-
messes qu'il avait paru donner? Quelle a
été au juste son œuvre politique, comparée
avec celle des siècles précédents? Quelles
tâches lègue-t-il à l'avenir? Nous essaierons
de répondre à ces questions en manière de
conclusion.

La politique d'autrefois et celle d'aujourd'hui.

De l'ancienne politique, plusieurs traits
se sont effacés ou atténués dans la période
contemporaine.

Les familles royales s'allient encore par
des mariages, mais dont les effets politiques

sont médiocres. Le Danemark et l'Allemagne excellent à placer leurs princesses, mais il n'a servi de rien au Danemark, en 1864, que les héritiers d'Angleterre et de Russie fussent les gendres de son roi. La Grèce ne deviendra pas la vassale de l'empire allemand, parce que le prince héritier a épousé la sœur de Guillaume II.

Plusieurs peuples ont appelé des étrangers pour les gouverner ; mais ces princes, nés de la féconde Allemagne, doivent être belge à Bruxelles, roumain à Bukarest, bulgare à Sofia.

L'importance des familles et des personnes souveraines a donc diminué : les peuples sont passés au premier plan.

Les affinités ou aversions religieuses déterminent encore des courants dans la politique. Il existe une question internationale de la papauté. La question d'Orient se complique de passions religieuses qui sont vives. Cependant la religion a perdu la place qu'elle occupait aux seizième et dix-septième siècles dans les relations internationales.

L'ambition de l'agrandissement territorial est tempérée par une certaine pudeur. Aucun souverain n'oserait aujourd'hui procéder à une annexion sur des prétextes comme ceux qu'ont donnés Louis XIV avant d'attaquer l'Espagne en 1667, et Frédéric II en 1740, après avoir envahi la Silésie. Si la Pologne avait prolongé de quelques dizaines d'années son existence, même misérable, il eût peut-être été impossible de la tuer.

La guerre n'est plus, comme dans la période précédente, l'état normal de l'Europe ; les années de paix ne sont plus l'exception. Il faut, pour se battre, des motifs très graves. Les combats de notre siècle valaient la peine d'être combattus.

Ce n'est pas une raison pour croire que le temps approche où chaque peuple, possédant l'ombre de son figuier, s'y pourra reposer, sans soucis et sans armes.

Les causes de paix.

Mettons dans un des plateaux d'une balance les causes de paix.

C'est, d'abord, l'esprit de la Révolution française. En détruisant le droit de propriété du souverain sur le peuple et sur le pays, en produisant la théorie de la nation consentie par les nationaux, en déclarant la dignité de l'être humain, il a rendu impossibles ou difficiles certaines sortes de guerres.

C'est encore l'universel progrès du travail; l'ardeur de l'usine et la fièvre d'entreprise du comptoir; la circulation, entre tous les pays, des personnes, des idées et des inté-rêts; une solidarité générale dans l'effort pour acquérir la richesse; un accord dans la volonté de paisiblement jouir.

C'est un état d'esprit opposé à la guerre, où se rencontrent un certain idéal nouveau d'ingénieurs et d'inventeurs, la crainte des incommodités et des dangers de la vie mili-

taire, des restes de nobles idées anciennes,
chrétiennes ou philosophiques, des sentiments d'humanité.

Les causes de guerre.

Mettons dans l'autre plateau les causes de
guerre.

C'est encore l'esprit de la Révolution.
Pour que le principe des nationalités fût
satisfait, il faudrait qu'il vainquît l'Angleterre, l'Allemagne et la Russie, qu'il détrui-
sît l'Autriche et la Turquie. Il n'obtiendra
point toutes ces satisfactions, mais il en cher-
chera quelques-unes. Supposez qu'il ruine
l'Autriche et la Turquie : quels champs de
bataille, que les décombres !

C'est encore l'universel progrès du travail et la concurrence dans la poursuite de
la richesse. Il n'est pas vrai que le développement des intérêts matériels promette la
paix. Le commerce, messager de paix,

est un personnage mythologique. Il a été,
à l'origine, un brigandage : dans l'antiquité, au moyen âge, dans les temps
modernes, il a produit des guerres. Les
hommes se sont battus, sur la Baltique,
pour des harengs, sur toutes les mers pour
des épices. De nos jours, l'accroissement
des industries crée la question des débou-
chés, où les intérêts des États sont contradictoires. Les rivalités et les rancunes commerciales renforcent les haines nationales.

Les idées et les sentiments pacifiques sont
incertains et fragiles. Les ingénieurs et les
inventeurs ne refusent pas leurs services à la
guerre : ils lui donnent un caractère nouveau, scientifique et monstrueux. Il existe
un dédain, une horreur du militarisme et de
la caserne, mais la guerre a gardé ses fidèles,
et l'opinion générale tend à porter au premier rang des devoirs celui qui implique le
péril de mort.

Enfin, les vieux traits d'union entre
peuples s'effacent tous les jours.

L'individualisme national.

L'immense développement du va-et-vient commercial, le centuplement des voies et des moyens de communication, la promiscuité des intérêts financiers dans les Bourses de Paris, de Londres et de Berlin, voilà un des phénomènes de notre temps, mais l'individualisme national en est un autre, tout opposé. A mesure que grandissaient les intérêts matériels internationaux, les âmes des peuples se sont davantage séparées les unes des autres.

L'esprit chrétien a essayé jadis de discipliner les hommes par le sentiment de la fraternité en Dieu : de l'esprit chrétien, la politique d'aujourd'hui ne sent plus le moindre souffle. Les philosophes du siècle dernier avaient mis à la mode le sentiment de la fraternité en l'humanité : aujourd'hui, la plus répandue des philosophies, celle

qui a pénétré les sciences, enseigne la
nécessité du combat pour la vie, la légitimité de la sélection qui se fait par œuvre
de mort, l'illégitimité de la faiblesse.

Autrefois, il y avait en Europe des litté-
ratures dominantes ; la nôtre a été presque
universelle. Elle est peut-être encore
aujourd'hui la plus répandue. Nous four-
nissons de drames et de comédies les scènes
des capitales, mais notre art dramatique,
s'il a de la force, de la finesse et de la grâce,
est moins impersonnel qu'autrefois : il est
plus varié, plus français et plus parisien. Il
y a, dans le monde, une grande circulation
de romans, mais le roman renonce aux
thèses générales pour observer l'immédiat
et le réel. Nous nous délectons à trouver
chez les écrivains anglais, russes ou allemands, des mœurs différentes des nôtres.
Les différences, voilà ce qui apparaît toujours et partout.

Autrefois les lettres classiques étaient
dans tous les pays, le principal moyen

d'éducation. Les *humanités* étaient naturellement internationales : tous les hommes,
qui comptaient dans la politique et dans la
société, avaient été, les écoliers des mêmes
maîtres. Aujourd'hui, nous contestons aux
humanités non seulement le droit exclusif,
mais tout droit à l'éducation. Ici encore, l'esprit moderne procède à la destruction du
général et de l'universel : il est séparatiste.

De nos jours, la longue évolution, commencée sur la ruine de l'empire romain,
contrariée et par moments arrêtée par des
sentiments, des idées et des habitudes,
s'achève : l'individualisme national est un
fait accompli.

Il y avait, aux siècles derniers, un vernis
répandu à la surface de l'Europe, des façons
communes de gouvernement et de cour, une
apparence de similitude. Les révolutions
ont fait craquer le vernis ; la substitution
des peuples aux gouvernements a dissipé
l'illusion de la ressemblance. L'Europe
apparaît comme elle est, avec ses inconci-

liables contrastes nationaux, ethnographiques et chronologiques. Nous le voyons
aujourd'hui très nettement : de Paris, où
siège le gouvernement de la République
française, à Berlin, où règne le général en
chef héréditaire de l'armée prussienne ;
de Berlin, au Kremlin, où est couronné le
père de la sainte Russie, la distance est
marquée, non seulement par des kilo-
mètres, quantité négligeable, mais par des
siècles.

Là où l'individualisme est de substance
ethnographique, il a des naïvetés d'intran-
sigeance. La Hongrie est mise en fureur
parce qu'un drapeau a été placé où il
n'avait pas le droit d'être. Nulle part, le
Tchèque ne veut entendre la langue allemande, ni à l'école, ni à l'église, ni au
tribunal. Se replier sur soi-même, se con-
templer, s'aimer, et, quand on est orgueilleux de naissance, s'admirer : voilà
l'état psychologique du peuple moderne.

Le total.

Ainsi, même les nouveautés du siècle, l'esprit de la Révolution, le progrès du travail humain ont mis un poids dans l'un et l'autre plateau. Et, du passé, persiste la vieille cause de guerre, la politique d'agrandissement et de conquêtes. Celle-ci est très claire et très précise : elle agit en des endroits déterminés et visibles. Les Balkans et la flèche de Strasbourg dominent aujourd'hui la politique de l'Europe.

C'est pourquoi l'attente de la guerre est un des phénomènes principaux de la civilisation contemporaine. Il se manifeste dans le système de la paix armée. Autrefois, la paix ne portait que demi-armure : aujourd'hui, elle est armée de pied en cap. Sans efforts, sur un coup de télégraphe, après quelques sifflements de locomotives, elle est la guerre, et quelle guerre! Comme la politique des siècles derniers paraît chose

presque légère en comparaison de celle
d'aujourd'hui, les armées de Turenne et de
Condé, auprès des nôtres, semblent des
jouets. Nous notions tout à l'heure que
les guerres deviennent plus rares, mais
elles emploient mieux leur temps. Jadis,
on se battait des années pour se prendre
quelques villes. Il a fallu six semaines à la
France, trois à la Prusse pour précipiter
les révolutions italienne et allemande.
Nous, la France, nous nous faisons gloire
d'avoir tenu six mois, pour sauver notre
honneur. Le sentiment que quelques levers
de soleil suffiront peut-être pour éclairer la
lutte désespérée, et la mort d'une patrie
pèse sur l'Europe. Il y a des pays où
l'inhumain cri : *Væ victis!* attend sa minute
dans les poitrines.

A la vérité, il n'est pas tout à fait impossible que l'appréhension de la guerre ne
retarde la guerre. Personne n'est assuré de
vaincre, et tout le monde sait que la défaite
peut être mortelle. C'est de quoi faire

hésiter la main qui a le pouvoir de donner le coup de télégraphe. Il se peut que la paix armée, en se prolongeant, paraisse à la fois par trop lourde et par trop absurde et que la raison et l'humanité exercent leurs droits. Peut-être encore faudra-t-il écouter les plaintes des « déshérités » et réduire les budgets de guerre, pour permettre aux mineurs de Flandre, de Westphalie et de Silésie de rester un peu plus longtemps à table, et de dormir deux heures de plus. Mais voilà de bien vagues espérances.

C'est, du reste, une question de savoir si la paix universelle est un objet désirable, si elle ne diminuerait pas l'énergie originale des génies nationaux, si la meilleure façon de servir l'humanité serait de créer une banalité humaine, si de nouvelles vertus surgiraient pour remplacer les vertus de guerre. C'est une autre question de savoir si la paix universelle et perpétuelle n'est pas radicalement, *naturellement* impossible. Questions très hautes, solubles seule-

ment pour qui saurait le principe et la fin
des choses, insolubles par conséquent.
Laissons donc cette métaphysique, si poi-
gnante qu'elle soit ; mais alors il faut
résolument considérer les possibilités de
l'avenir.

A la fin du siècle dernier, nous avons
distingué en Europe trois régions : Centre et
Occident, Angleterre, Russie, pour montrer
que les guerres perpétuelles entre les États
de la première avaient fait la fortune des
deux autres. L'Angleterre, au cours de la
période contemporaine, a étendu considérablement son domaine colonial ; elle y ajoute
tous les jours, et elle parle, à l'heure présente, de l'organiser en empire. La Russie,
en même temps qu'elle s'agrandit, se for-
tifie. Chaque année y voit un progrès nouveau : le champ de blé multiplie les grains,
et la vigne, les raisins ; la fécondité de
l'homme égale celle de la terre ; les industries s'acclimatent et prospèrent, le crédit
de l'État s'affermit, tout cela régulièrement,

sans bruit, avec la tranquillité que mettent
dans leurs œuvres les forces calmes de la
nature. Or il n'est pas une discorde du continent qui ne serve l'Angleterre et la Russie : le conflit franco-allemand et les malen-
tendus entre la France et l'Italie assurent à
l'Angleterre la sécurité de sa domination.
La question d'Alsace équivaut pour la Russie au doublement de son armée. Les puissances centrales travaillent donc au développement des deux ailes de l'Europe. Ce
doit être, à tout le moins, un sujet de réflexions pour l'Allemagne, que le progrès
continu de ses voisins de l'Est. Si elle a
encore des philosophes en politique, ceux-ci
ont un beau sujet à étudier dans « le devenir » russe. Le phénomène d'une si grande
nation, où la richesse et les forces modernes croissent, tandis que l'état d'esprit
demeure celui de l'Occident au temps des
croisades, mérite leur méditation.

Considérons à présent la situation de
l'Europe dans l'univers. Il y a un siècle,

elle était le seul personnage historique : il
y en a un second aujourd'hui. Les conséquences les plus graves des découvertes du
quinzième siècle commencent à apparaître.
L'Amérique n'est plus une annexe de l'ancien continent : une série de révolutions a
transformé les colonies en peuples. Comme
l'Europe, l'Amérique est pleine de nations.
Nous disons « l'Europe » pour désigner
une sorte de communauté politique; l'Amé-
ricain dit, avec la même intention « l'Amérique ». L'Amérique a le sentiment du
contraste qu'elle fait avec l'Europe politique
et militaire ; elle en a l'orgueil. Ce contraste
même lui donne une sorte d'unité. Il permet
à des esprits aventureux de parler de
panaméricanisme.

D'ancien à nouveau monde, les relations
ne sont pas nécessairement pacifiques.
Jusqu'à présent, celui-ci n'a pas eu de politique extérieure, mais la doctrine de Mon-
roe, « l'Amérique aux Américains », est une
politique. Si jamais elle est appliquée aux

~~continents, aux~~ îles (les signes précurseurs
ne manquent point), elle mettra aux prises
les deux mondes.

La civilisation américaine est pacifique :
toutes ces nations nouvelles croissent et
multiplient dans la paix. La paix semble
donc être leur vocation ; mais, comme si
elle était contraire à l'ordre éternel des
choses, les États-Unis commencent à employer les excédents de leurs recettes à
construire des vaisseaux de guerre. Les
armements ruinent l'Europe, et la richesse
américaine produit des armements.

Il ne s'agit pas de chercher, en termi-
nant, l'originalité facile du paradoxe. Après
avoir descendu le cours du temps, il est
naturel de vouloir le précéder du regard
dans l'avenir. Après avoir pris son élan si
loin dans le passé, il est impossible de
s'arrêter net au seuil des temps futurs.
Après qu'on a vu tant de changements, des
États naître et mourir ; des empires crouler,
qui s'étaient promis l'éternité, il faut bien

prévoir de nouvelles révolutions, des morts et des naissances.

Toute force s'épuise ; la faculté de conduire l'histoire, n'est point une propriété perpétuelle. L'Europe, qui l'a héritée de l'Asie, il y a trois mille ans, ne la gardera peut-être pas toujours.

Janvier 1890.

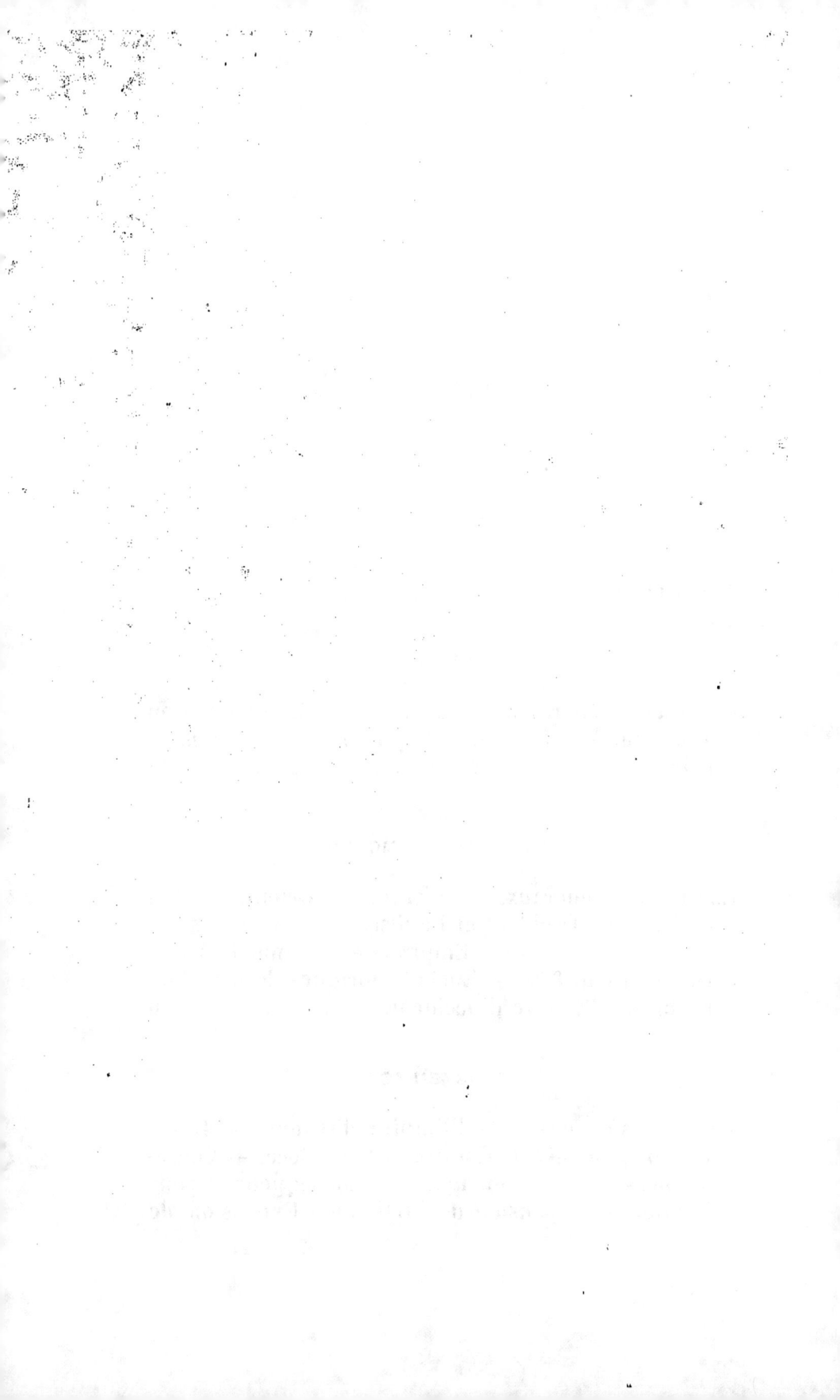

TABLE DES MATIÈRES

LES TEMPS MODERNES

NOTRE SIÈCLE

_____

Paris. — Imp. E. Capiomont et Cie, rue des Poitevins, 6.

ARMAND COLIN & Cᶦᵉ, ÉDITEURS

1, 3, 5, rue de Mézières, à Paris.

ÉTUDES ET ÉTUDIANTS

NOTICES ET ALLOCUTIONS

SUR

le passé, le présent et l'avenir de l'enseignement supérieur,

PAR

M. ERNEST LAVISSE

PROFESSEUR A LA FACULTÉ DES LETTRES DE PARIS

Un volume in-18 jésus, broché.......... 3 50

Les chapitres qui forment ce livre traitent de sujets très variés. Ce sont des discours prononcés sur la tombe d'un maître ou d'un élève regretté, de brillantes allocutions pleines de vie, d'émotion, de patriotisme adressées aux étudiants à l'occasion de l'ouverture des facultés, à la table d'un banquet ou sur l'estrade d'une distribution de prix, des articles pleins d'esprit, de bon sens et de raison à propos des principales questions qui touchent à l'enseignement.

Le savant professeur de l'Université ne perd en effet jamais de vue l'enseignement classique. Quelle que soit la forme dans laquelle il encadre ses idées, il revient toujours à son sujet de prédilection. C'est ainsi qu'il étudie la question du grec et du latin qui a fait verser depuis quelque temps tant de flots d'encre. Ailleurs il parle de l'utilité des examens, de l'éducation professionnelle et de l'éducation scientifique, etc., etc.

Partout, M. Lavisse s'efforce d'inspirer aux étudiants l'amour des fortes études, le patriotisme le plus ardent, l'enthousiasme pour tout ce qui est noble et généreux.

QUESTIONS
D'ENSEIGNEMENT NATIONAL

PAR

M. ERNEST LAVISSE

Un volume in-18 jésus, broché.......... 3 50

Ce livre se compose de plusieurs morceaux écrits à
des dates diverses et dans des circonstances différentes.
Mais une idée maîtresse les relie, leur donne une véritable unité : c'est l'idée que l'enseignement supérieur
des sciences et des lettres doit prendre une grande place
dans le système de l'éducation publique et que, par lui,
comme par une source haute et intarissable, les con-
naissances générales, l'esprit scientifique et l'esprit
national doivent être portés dans l'enseignement du
lycée et de l'école.

Derrière l'organisation des facultés, l'auteur voit les
résultats qu'une réforme de cette nature peut faire et
leur a fait déjà produire et l'influence qu'elles peuvent
avoir sur l'esprit public et partant sur l'avenir de la
France.

L'élévation du point de vue où s'est placé l'auteur
justifie le titre de son livre. Titre d'autant plus juste
que, selon M. Lavisse, l'enseignement des facultés, tel
qu'il l'entend, doit rayonner jusqu'à l'école primaire où
le patriotisme se conserve plus chaud peut-être qu'ailleurs.

TROIS EMPEREURS
D'ALLEMAGNE

Guillaume I^(er) — Frédéric III — Guillaume II

PAR

M. ERNEST LAVISSE

Un volume in-18 jésus, broché....... 3 50

C'est le volume d'un historien et d'un psychologue analysant avec impartialité les faits politiques et les caractères.

Pour déterminer la place de l'empereur *Guillaume I^(er)* dans l'histoire, l'auteur retrace à grands traits le passé de l'antique Allemagne et de la toute moderne Prusse. Il montre celle-ci seule capable de donner à l'Allemagne l'unité, la force, la dignité d'une nation, mais devenant par là maîtresse de cette nation dont elle a fait l'unité à son profit.

En *Frédéric III* tous les documents, verbaux ou écrits, mettent en lumière l'honnête homme aux sentiments élevés, humains, le philosophe de gouvernement, peu fait pour régner sur l'Allemagne telle que les derniers événements l'ont faite.

Que sera *Guillaume II?* M. Lavisse essaye de le deviner d'après sa jeunesse, son éducation, ses propos, les opinions exprimées par ses ennemis et ses défenseurs, enfin d'après ses actes, discours et manifestes depuis son avènement.

En traçant chacune de ces figures impériales, le savant professeur n'a eu garde de négliger tous les traits qui peuvent nous éclairer sur les usages et les mœurs de la cour de Prusse et sur l'esprit prussien lui-même.

JAMES BRYCE

LE SAINT EMPIRE
ROMAIN GERMANIQUE
ET L'EMPIRE ACTUEL D'ALLEMAGNE

Traduit de l'anglais par E. DOMERGUE

Avec une préface par M. Ernest LAVISSE

Un volume in-8°, broché.. .... 8 fr.

L'histoire du Saint Empire romain germanique est celle des idées qui ont conduit le monde pendant des siècles et dont l'effet est ressenti jusqu'à nos jours. Il est impossible de bien comprendre l'histoire de l'Allemagne, de l'Italie, de la France et de l'Europe entière, si l'on ne sait pas comment ces idées se sont formées, comment elles se sont répandues; et la puissance extraordinaire qu'elles ont exercé sur les faits.

Ce n'est pas un livre d'histoire ancienne que celui-là. La querelle de l'État et de l'Église n'est pas terminée. Pour bien savoir où elle est aujourd'hui, il faut en connaitre les antécédents. M. Bryce a eu soin de suivre jusqu'à l'heure présente l'histoire du Saint Empire. Son dernier chapitre nous mène jusqu'en 1871.

Dans une longue introduction, qui est à elle seule un livre, M. Ernest Lavisse a résumé d'une façon magistrale la philosophie du livre de M. Bryce. Il le recommande à l'attention des historiens, des politiques et de tous les hommes éclairés qui aiment à réfléchir sur les grandes causes lointaines des événements.

L'ouvrage de M. Bryce en est à sa huitième édition en Angleterre, où il est classique. La valeur de l'introduction de M. Ernest Lavisse lui assurera un grand succès en France.

L'ENSEIGNEMENT SUPÉRIEUR

EN FRANCE

1789-1889

Les Universités en 1789 — La Révolution

PAR

M. LOUIS LIARD

Directeur de l'Enseignement supérieur au ministère de l'Instruction publique.

Un volume in-8°, broché....... 7 fr. 50

Honoré d'une souscription du ministère de l'Instruction publique.

Nous n'avions pas d'histoire de l'Enseignement supérieur en France au dix-neuvième siècle; M. Liard a entrepris de l'écrire. Le premier volume de cet important ouvrage est consacré à l'état des universités à la fin de l'ancien régime et à l'œuvre de la Révolution en matière de haut Enseignement.

L'auteur a pensé que, pour comprendre l'évolution de cet ordre d'enseignement depuis un siècle, il fallait tout d'abord dresser le bilan matériel et le bilan moral des anciennes Universités. D'une plume aussi impartiale que bien inspirée, il fait le dénombrement de leurs maîtres et de leurs élèves, il les montre indolentes, routinières, sans initiative, n'ayant en elles aucun principe de renouvellement et de vie.

La seconde partie est consacrée à la Révolution. Née de l'esprit philosophique et scientifique, la Révolution a conçu l'Enseignement le plus complet et le plus élevé qu'on ait jamais rêvé. Elle a, dans cet ordre de choses, comme le fait ressortir le livre de M. Liard, posé le point de départ et les idées directrices d'une évolution nouvelle.

★

LES

ASSEMBLÉES PROVINCIALES

DANS

L'EMPIRE ROMAIN

PAR

M. PAUL GUIRAUD

Maître de conférences à l'École normale supérieure, chargé de cours à la Faculté
des lettres de Paris.

Un volume in-8°, broché........ **7 fr. 50**
Ouvrage couronné par l'Académie des sciences morales et politiques.

M. Guiraud étudie dans cet ouvrage une des institutions les plus singulières et les moins connues de l'antiquité.

Dès le début de l'Empire romain, on voit apparaître partout des assemblées provinciales qui devaient se maintenir jusqu'aux invasions des barbares. Il va sans dire qu'elles ne sortirent pas du néant; on trouve des traces d'une organisation pareille avant Auguste, et même, dans certaines contrées, avant les conquêtes de la République. Mais c'est sous l'Empire qu'elles prirent leur forme définitive.

L'auteur ne se contente pas d'examiner en détail quelles étaient la composition et les attributions de ces assemblées, ni quel genre de services elles rendirent, tant au gouvernement impérial qu'aux populations. Il s'efforce encore de mettre en lumière les traits qui en font la profonde originalité. Il montre que cette institution politique, est née d'une pratique religieuse, que cet instrument de liberté a tiré son origine de l'adoration du despotisme incarné dans le prince régnant.

HISTOIRE DE LA CIVILISATION FRANÇAISE

depuis les origines jusqu'à nos jours, par M. ALFRED RAMBAUD, professeur à la Faculté des lettres de Paris. 2 vol. in-18 jésus, brochés.   8 »

Ouvrage approuvé par la Commission ministérielle des Bibliothèques populaires et adopté par la Commission des Livres de prix.

L'auteur a voulu à la chronologie des rois, des guerres de succession et de conquête, substituer l'étude des institutions et des mœurs. Dans le tome Ier (Des Origines à la Fronde) on voit se dérouler les destinées de l'aristocratie, de l'église, de la bourgeoisie, du peuple des villes et des campagnes. L'auteur montre comment la nation française s'est formée de ces différents éléments, comment un État s'est constitué avec ses organes essentiels : administration, justice, armée, diplomatie, finances. Le tome II (De la Fronde à la Révolution française) nous montre la monarchie absolue s'organisant et progressant du dix-septième au dix-huitième siècle.

Toutes les institutions sociales et administratives y sont décrites avec précision. A toutes les époques l'auteur suit l'histoire de notre agriculture, de notre industrie, de notre commerce. Il n'a garde de négliger le mouvement intellectuel et, indiquant les grands courants littéraires et philosophiques, il signale les progrès accomplis dans les lettres, dans les sciences et dans les arts.

HISTOIRE DE LA CIVILISATION CONTEMPORAINE

en France, par M. ALFRED RAMBAUD, professeur à la Faculté des lettres de Paris. 1 vol. in-18 jésus, br.   5 »

Ouvrage approuvé par la Commission ministérielle des Bibliothèques populaires et adopté par la Commission des Livres de prix.

L'Histoire de la Civilisation française, de M. ALFRED RAMBAUD s'arrête à la Révolution ; elle est terminée par un appendice donnant un simple aperçu des événements postérieurs à 1789. Cet appendice est, pour ainsi dire, le sommaire de l'*Histoire de la Civilisation contemporaine*, qui présente, en un tableau très complet, la vie politique de notre pays durant les cent dernières années écoulées (institutions politiques, sociales, administratives, ecclésiastiques, judiciaires, finances, armée, enseignement) sa vie intellectuelle (lettres, arts et sciences) sa vie économique (inventions, agriculture, industrie, commerce). Écrit avec beaucoup de mesure et d'indépendance, cet ouvrage constitue à la fois un livre d'une lecture attachante pour les gens du monde, et, pour les étudiants, un manuel d'autant plus précieux qu'une bibliographie très complète indique avec soin les ouvrages à consulter sur chaque période et chaque fait important.

L'EXPANSION DE L'ANGLETERRE, par J.-R. SEELEY,

professeur à l'Université de Cambridge. Traduit de l'anglais par M. le colonel J.-B. Baille et M. Alfred Rambaud, professeur à la Faculté des lettres de Paris, avec une Préface de M. Alfred Rambaud. 1 vol. in-18 jésus.   3 50

Ouvrage approuvé par la Commission ministérielle des Bibliothèques populaires et par la Commission des Livres de prix.

« La puissance anglaise — ainsi que le dit M. Rambaud, dans sa remar-
« quable préface — est un phénomène inouï dans l'histoire ; l'empire anglais
« est quatre fois et demie plus considérable que l'empire romain, aussi bien
« comme étendue que comme population, et celui-ci n'a jamais eu la ving-
« tième partie des richesses de celui-là. »

Rechercher les efforts qui ont été nécessaires à l'Angleterre pour atteindre à ce degré de puissance, étudier les moyens employés pour conserver le plus de cohésion possible entre toutes les parties d'un semblable organisme, peser l'influence qu'une expansion aussi démesurée a pu avoir et a encore sur la mère-patrie ; tel est le but du livre dont nous présentons la traduction au public français. Il y a des leçons de politique et d'économie sociale qui ne s'adressent pas seulement aux compatriotes de l'auteur, mais aux citoyens de tous les pays, et avant tout aux Français.

Dans une remarquable préface, M. Alfred Rambaud s'appuyant sur les données de l'histoire et de la statistique, tire du livre de M. Seeley d'utiles conclusions à l'usage de la France.

COURTE HISTOIRE DE NAPOLÉON Ier, suivie d'un

essai sur sa personnalité et sur sa carrière, par J.-R. Seeley, professeur à l'Université de Cambridge, traduit par M. J.-B. Baille. 1 vol. in-18 jésus, broché.   3 50

Ouvrage approuvé par la Commission ministérielle des Bibliothèques populaires et adopté par la Commission des Livres de prix.

L'auteur, évitant volontairement la surabondance des détails, s'est borné aux grandes lignes et s'est attaché à rapprocher en toute occasion la cause de l'effet. Il a déterminé d'une manière frappante l'influence de l'époque sur l'homme et de l'homme sur son époque. Il est bon pour nous (et nous en avons peut-être trop rarement l'occasion), de voir les faits et les personnages de notre histoire nationale appréciés par un étranger. Dans l'Essai sur Napoléon qui termine l'ouvrage, l'auteur examine avec sincérité quels ont été pour la France les résultats de ses guerres sans frein et recherche si ce grand capitaine a été le serviteur de sa patrie ou s'il s'est servi d'elle en vue de sa grandeur personnelle.

LA FRANCE & L'IRLANDE pendant la Révolution,

Hoche et Humbert, d'après les documents inédits des archives de France et d'Irlande, par M. E. Guillon, docteur ès lettres, agrégé de l'Université, avec une préface de M. Hippolyte Carnot. 1 vol. in-18 jésus, broché.   3 50

Ouvrage approuvé par la Commission des Bibliothèques populaires.

C'est un épisode peu connu des guerres de la Révolution que l'auteur a mis en lumière. Jusqu'alors on avait insisté sur les opérations continentales de ces grandes guerres, en n'accordant qu'une trop modeste place aux campagnes maritimes. L'auteur s'est proposé de montrer comment la République a suivi la tradition de l'ancienne monarchie et précédé l'empire dans ses armements contre l'Angleterre.

Dès 1796, en effet, le Directoire avait décidé de faire une descente en Irlande, où la France était appelée par les sollicitations d'un pays longtemps opprimé.

Sous la direction de Carnot, activement secondé par le général Hoche, une expédition fut préparée à Brest dans les derniers mois de 1797; elle échoua par suite de circonstances qui font ressembler l'entreprise à un véritable roman d'aventures.

Tel est ce livre qui nous conduit tour à tour du sein des conseils du gouvernement français au milieu du parlement britannique, des arsenaux de Brest aux rivages de l'Irlande et partage notre sympathie entre les soldats de la France et les conspirateurs patriotes de l'Irlande.

JOURNAL D'UN BOURGEOIS DE PARIS PENDANT

la Révolution française, année 1789, par M. Monin, agrégé de l'Université, professeur au collège Rollin. 1 vol. in-18 jésus, broché.   3 50

C'est une histoire très complète et très claire de la période de la Révolution française qui s'étend du 1ᵉʳ janvier au 31 décembre 1789.

L'auteur de ce journal consigne jour par jour tout ce qui se passe sous ses yeux, depuis les événements les plus importants jusqu'aux menus faits qui peuvent offrir quelque intérêt pour l'histoire.

Notre bourgeois de Paris est très au courant de tout ce qui paraît; on voit d'après son récit qu'il a lu la plupart des publications, des journaux et des brochures et qu'il sait en tirer des indices pour peindre son temps. Une simple anecdote, les propos d'un homme du peuple qu'il entend en passant dans la rue attirent son attention et sont pour lui l'occasion de réflexions piquantes et judicieuses, de remarques souvent profondes sur l'état des esprits et sur les causes de l'agitation constante de cette époque troublée.

On lira volontiers ces notes prises par un contemporain qui joue lui-même un rôle comme acteur dans les événements qu'il raconte et dont le récit emprunte à cette circonstance même plus d'intérêt.

ÉTUDES SUR L'HISTOIRE RELIGIEUSE DE LA RÉVO-

lution française, par M. A. GAZIER, maître de conférences à la Faculté des lettres de Paris. Depuis les États généraux jusqu'au Directoire. 1 vol. in-18 jésus, broché. 3 50

L'histoire religieuse de la Révolution française a été à peine effleurée par les historiens, les uns, comme Thiers, ont dédaigné de traiter à fond ces questions, les autres se sont contentés d'écrire avec passion l'histoire du clergé royaliste émigré ou caché ; d'autres enfin n'avaient pas à leur disposition les documents nécessaires. L'auteur de ces études a eu la bonne fortune de disposer d'un fonds précieux de documents inédits rassemblés par le célèbre Grégoire qui joua lui-même un rôle important dans cette histoire. A l'aide de ces documents, M. Gazier démontre que, contrairement à l'opinion reçue, les églises fermées en 1793 se sont rouvertes dès le commencement de 1795 ; dès le milieu de 1796, 36 000 paroisses étaient desservies par 26 000 curés. Cette Église, non pas constitutionnelle, mais orthodoxe et nationale, le Directoire ne tarda pas à la persécuter avec rage, et c'est alors que les populations qui tenaient à leur culte acclamèrent comme un sauveur l'audacieux général qui chassa les persécuteurs.

CAHIERS COLONIAUX DE 1889 réunis et présentés

par M. HENRI MAGER. 1 vol. in-18 jésus, broché.   4 »

M. Mager s'est attaché à nous faire connaître les besoins et les aspirations de nos colonies. Pour cela il donne la parole aux divers représentants de nos possessions coloniales. Les conseils généraux, les groupes politiques de chacune d'elles, les chambres de commerce, les sénateurs, les députés, les délégués, exposent tour à tour leurs vœux et leurs plaintes et examinent les moyens d'y faire droit. Ils passent en revue toutes les questions qui peuvent intéresser le bien-être et la prospérité de leurs compatriotes : organisation administrative et judiciaire, finances, défense militaire et navale, etc. Ils étudient dans quelles conditions l'action de la France peut être bienfaisante pour ses colonies et quelles ressources celles-ci peuvent à leur tour offrir à la Métropole.

Des chapitres spéciaux sont consacrés à l'étude des intérêts français dans l'océan Pacifique, à Madagascar, dans l'Afrique équatoriale, dans la mer Rouge et dans la Méditerranée.

RABELAIS, sa personne, son génie, son œuvre,
par M. P. STAPFER, professeur à la Faculté des lettres de Bordeaux. 1 vol. in-18 jésus, broché.   4 »

M. Paul Stapfer a voulu mettre l'œuvre de Rabelais à la portée de tous en la débarrassant de tout ce qu'elle a d'indigeste et d'obscur pour mettre en lumière les parties vraiment intéressantes. Il a fait la plus large place à l'analyse du génie de l'auteur comique et satirique, comme à celle de la pensée du moraliste et du talent de l'écrivain.

Le plan de son étude, très large et très détaillée, est des plus simples. Elle se compose de cinq parties : la première contient la *vie authentique de Rabelais, avec un aperçu de son ouvrage*, où sont racontées les origines di *Gargantua* et de *Pantagruel;* la deuxième analyse les *satires*, après avoir défini l'esprit satirique d'un auteur essentiellement différent de tous les auteurs satiriques par la fantaisie de son *humour* et par sa profonde débonnaireté ; la troisième dégage et met en lumière ce qu'on peut extraire d'*idées morales* de la philosophie diffuse du penseur le moins systématique qui fut jamais. C'est là qu'on verra ce que Rabelais pensait de la guerre, de la société politique, du mariage, de l'éducation, de la religion, de l'âme et de Dieu : la quatrième consacrée à l'*invention comique*, étudie la fable, les caractères, l'essence du comique de Rabelais, ses ancêtres littéraires et sa postérité ; la cinquième, enfin étudie son *style*, c'est-à-dire de tous les charmes du grand écrivain, le plus solide et le plus durable, celui qui, dans l'éclipse possible de ses autres brillantes qualités, fera toujours l'admiration et les délices des gens de goût.

RACINE ET VICTOR HUGO, par M. Paul STAPFER,
professeur à la Faculté des lettres de Bordeaux. 1 vol. in-18 jésus, broché.   3 50

Ouvrage approuvé par la Commission ministérielle des Bibliothèques populaires et adopté par la Commission des Livres de prix.

« Le moment est venu, dit en rendant compte de ce livre, un éminent critique, où notre jeunesse doit être initiée aux chefs-d'œuvre merveilleux qui s'appellent la *Légende des Siècles* ou les *Châtiments;* le maître du romantisme est désormais classique, et sa gloire peut défier les siècles, car il a, dans notre enseignement, sa place marquée entre Corneille et Racine. »

Opposer Victor Hugo et Racine comme les deux centres ou les deux pôles de la poésie française, faire ressortir les qualités ou les défauts du génie classique et du génie romantique, sans aucun parti pris, avec un éclectisme judicieux et un vif sentiment du beau littéraire partout où il se rencontre, tel a été le but de l'auteur. M. Stapfer a traité la question de haut, et avec une entière compétence, et son œuvre offre le plus grand intérêt pour tous ceux qui, à quelque titre que ce soit, ont à étudier la littérature française.

LES HÉROS, le Culte des Héros et l'Héroïque

dans l'histoire, par CARLYLE, traduction et préface de M. J.-B.-J. IZOULET-LOUBATIÈRES, agrégé de l'Université, professeur de philosophie au lycée Condorcet. 1 vol. in-18 jésus, broché.   3 50

Ouvrage adopté par la Commission des Livres de prix et honoré d'une souscription du ministère de l'Instruction publique.

« Lorsqu'on demande aux Anglais, a dit Taine, surtout à ceux qui n'ont pas quarante ans, quels sont chez eux les hommes qui pensent, ils nomment d'abord Carlyle. »

Ce livre, relativement très court, est d'une variété et d'une richesse surprenantes. Il comprend six chapitres tous sur le Héros, mais sur le Héros considéré tour à tour comme Dieu, Prophète, Poète, Prêtre, Homme de lettres, Roi, et tour à tour incarné dans Odin, Mahomet, Dante et Shakespeare, Luther et Knox, Johnson, Rousseau et Burns, Cromwell et Napoléon.

Ceux d'entre les lecteurs qu'intéressent surtout les figures *littéraires*, trouveront dans ce livre de magnifiques études sur Dante, Shakespeare, Jean-Jacques Rousseau.

Ceux qu'attirent en particulier les questions *religieuses*, y trouveront un admirable chapitre sur Luther et la Réforme.

Ceux que séduisent spécialement les grandes personnalités *politiques*, y trouveront un portrait en pied de Cromwell et une puissante ébauche de Napoléon.

Mais ce qui donne à ce livre des « *Héros* » un intérêt supérieur, c'est qu'il constitue le jugement le plus profond et le plus puissant qui ait encore été porté sur l'évolution de l'âme européenne, et sur **la crise religieuse et politique** dont sont tragiquement travaillés les temps modernes.

LE THÉÂTRE EN FRANCE, Histoire de la littéra-

ture dramatique depuis ses origines jusqu'à nos jours, par M. PETIT DE JULLEVILLE, professeur à la Faculté des lettres de Paris. 1 vol. in-18 jésus, broché.   3 50

L'auteur s'est proposé, non d'énumérer beaucoup de pièces oubliées, mais de caractériser les diverses époques de l'histoire du théâtre en France. Après un tableau résumé très curieux et très instructif de nos origines dramatiques, le livre expose l'influence de la Renaissance sur la scène ; il étudie l'œuvre classique du XVIIe siècle et consacre des chapitres spéciaux à Corneille, à Racine, à Molière et à leurs contemporains. Dans l'œuvre du XVIIIe siècle, l'on voit poindre la révolution dramatique d'où est sorti le théâtre moderne. Après avoir dit ce que fut le théâtre au temps de la Révolution et sous l'Empire, puis raconté l'histoire courte, mais brillante, du drame romantique, l'ouvrage se termine par une étude sur les tendances et les caractères généraux du théâtre contemporain.

Sur ce plan fort simple, l'auteur a écrit un livre d'une lecture facile et attachante, qui aura sa place dans toutes les Bibliothèques.

Paris. — Imp. E. CAPIOMONT et Cie, rue des Poitevins, 6.

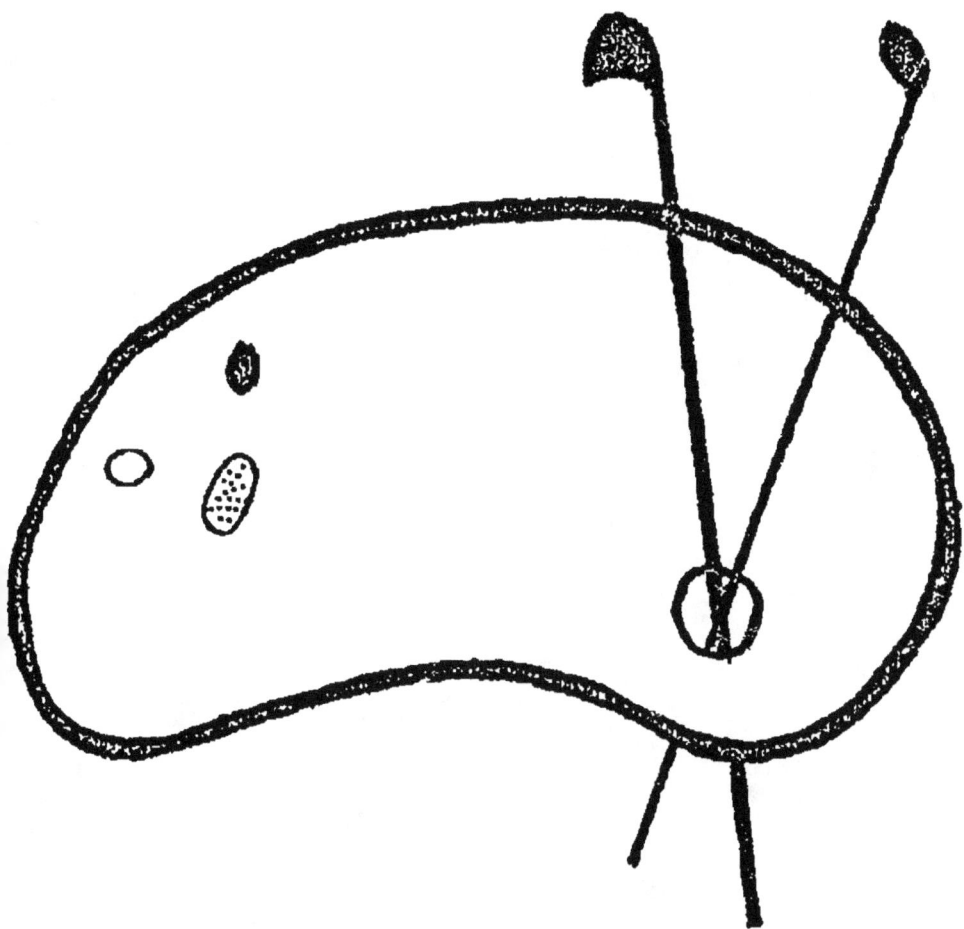

ORIGINAL EN COULEUR

NF Z 43-120-8

www.ingramcontent.com/pod-product-compliance
Lightning Source LLC
Chambersburg PA
CBHW070805270326
41927CB00010B/2293